现代城市轨道交通系列规划教材

城市轨道交通车辆构造

CHENGSHI GUIDAO JIAOTONG CHELIANG GOUZAO

主编 眭小利 王 乾

苏州大学出版社
Soochow University Press

图书在版编目(CIP)数据

城市轨道交通车辆构造 / 眭小利,王乾主编. —苏州:苏州大学出版社,2020.3
现代城市轨道交通系列规划教材
ISBN 978-7-5672-3120-7

Ⅰ.①城… Ⅱ.①眭… ②王… Ⅲ.①城市铁路-铁路车辆-车体结构-高等职业教育-教材 Ⅳ.①U270.3

中国版本图书馆 CIP 数据核字(2020)第 026115 号

城市轨道交通车辆构造

眭小利　王　乾　主编
责任编辑　肖　荣

苏州大学出版社出版发行
(地址:苏州市十梓街1号　邮编:215006)
宜兴市盛世文化印刷有限公司印装
(地址:宜兴市万石镇南漕河滨路58号　邮编:214217)

开本 787 mm×1 092 mm　1/16　印张 14　字数 315 千
2020 年 3 月第 1 版　2020 年 3 月第 1 次印刷
ISBN 978-7-5672-3120-7　定价:42.00 元

若有印装错误,本社负责调换
苏州大学出版社营销部　电话:0512-67481020
苏州大学出版社网址　http://www.sudapress.com
苏州大学出版社邮箱　sdcbs@suda.edu.cn

前言 QIANYAN

国家"十三五"规划纲要指出,要实行公共交通优先,加快发展城市轨道交通、快速公交等大容量公共交通,鼓励绿色出行。中国城市轨道交通协会原会长在《"十三五"城轨交通发展形势报告》中也谈到了:城轨交通在"十三五"期间将出现更大规模的发展态势。一是建设城市和运营城市翻番。预计"十三五"期间,城轨在建城市可能达到 80 个以上,运营城市将超过 50 个,比"十二五"期间翻一番。二是在建线路和新建里程增加一半左右。预计"十三五"期间在建线路 6 000 千米左右,新建里程 3 000 千米左右。城市轨道交通将继续快速发展。

城市轨道交通车辆是城市轨道交通系统中的关键设备,也是输送旅客的运输载体。车辆是融合多学科的综合性的产品,涉及机械、电气、控制、材料等多个领域,各个相对独立的构成部分有机地组成在一起,共同实现安全、可靠和高品质运行。因此,城市轨道交通车辆构造是城轨相关专业的学生必须掌握的。

高职教育是直接为地方或行业经济发展服务的教育类型。常州市轨道交通发展有限公司是常州工业职业技术学院校企合作方,学院教学环节中设有学生进入常州地铁进行岗位实践培训。本书每个"单元导入"下面都设计了一个关于常州地铁 1 号线车辆的查询问题,单元的每个课题中设有"地方链接",介绍常州地铁 1 号线车辆的相应情况,练习题中也设计了一些相关的查询题。学习内容的载体是学生熟悉的车辆,将有助于学生掌握专业知识,更有利于为地方轨道交通培养应用型技术人才。

本书由常州工业职业技术学院眭小利、王乾、顾亚桃、赵丽娟编写,眭小利、王乾为主编,顾亚桃、赵丽娟为副主编,常州工业职业技术学院轨道交通学院院长吴志强主审。本书包括八个单元,其中,单元一(车辆总体)、单元四(转向架)、单元七(空调系统)和单元八(电气系统)由眭小利、王乾编写,单元二(车体)、单元三(车门)由顾亚桃编写,单元五(连接装置)、单元六(制动系统)

由赵丽娟编写。

本书在编写过程中得到了城市轨道交通专家们的大力支持,并参考了大量专业书籍、期刊论文和学位论文等,在此对专家们和相关作者表示衷心的感谢!

由于编者水平有限,书中难免存在错误及疏漏之处,敬请读者批评指正。

编者

目 录

单元一　车辆总体 1
　　课题一　城市轨道交通车辆概况 2
　　课题二　车辆分类、编组、标识 7
　　课题三　车辆总体及主要技术参数 12
　　课题四　车辆设备布置 20
　　课题五　车辆总体认知实训 23

单元二　车体 24
　　课题一　车体 25
　　课题二　客室 34
　　课题三　司机室 37
　　课题四　车体认知实训 46

单元三　车门 47
　　课题一　车门分类 48
　　课题二　客室车门 50
　　课题三　列车上的其他门 63
　　课题四　车门认知实训 69

单元四　转向架 70
　　课题一　概述 71
　　课题二　构架 76
　　课题三　轮对轴箱装置 78
　　课题四　弹簧减振装置 88
　　课题五　牵引传动装置 97
　　课题六　转向架认知实训 105

单元五 连接装置 ······ 106
课题一 概述 ······ 107
课题二 车钩缓冲装置 ······ 108
课题三 贯通道装置 ······ 123
课题四 连接装置认知实训 ······ 129

单元六 制动系统 ······ 131
课题一 概述 ······ 132
课题二 制动系统的组成 ······ 135
课题三 制动方式 ······ 148
课题四 制动模式 ······ 151
课题五 制动系统认知实训 ······ 156

单元七 空调系统 ······ 157
课题一 概述 ······ 158
课题二 空调系统的制冷原理和组成 ······ 162
课题三 空调控制系统 ······ 174
课题四 空调系统认知实训 ······ 179

单元八 电气系统 ······ 180
课题一 概述 ······ 181
课题二 网络控制系统 ······ 182
课题三 乘客信息系统 ······ 191
课题四 牵引系统 ······ 196
课题五 辅助供电系统 ······ 210
课题六 电气系统认知实训 ······ 215

参考文献 ······ 216

单元一

车辆总体

 单元导入

城市轨道(可简称"城轨")交通车辆是城市轨道交通系统中的关键设备,也是输送旅客的运输载体。车辆是融合多学科的综合性的产品,涉及机械、电气、控制、材料等多个领域,各个相对独立的构成部分有机地组合在一起,共同实现安全、可靠和高品质的运行。了解车辆的发展概况,熟悉车辆的总体布置,便于对其各构成部分进行学习。

 查一查

常州地铁 1 号线于 2019 年 9 月 21 日开通,其外观如图 1-1 所示,它有一个十分萌的昵称,叫"红小梦",请查询"红小梦"的外观设计特色。

图 1-1　常州地铁 1 号线电客车

课题一　城市轨道交通车辆概况

课题目标

(1) 了解城市轨道交通车辆的发展过程。
(2) 熟悉城市轨道交通的系统。
(3) 掌握城市轨道交通车辆的特点。

一、城市轨道交通车辆的发展

世界上第一条地下铁道（图1-2）于1863年1月10日在伦敦建成。一开始是采用蒸汽机车牵引，历经27年，在1890年改为电力牵引。第二次世界大战后，伴随着各国城市的快速发展，地铁发展极为迅速。至1969年，又有17个城市新建了地铁，特别是1970年以后，地铁发展更快。根据2005年的统计数据，全世界有142个城市拥有城市轨道交通系统，其中112个城市共有8 227 km的地铁线路，90%以上的线路均在20世纪90年代以前建成。按运营公里统计，排名前10位的城市依次是巴黎、纽约、伦敦、首尔、莫斯科、东京、芝加哥、柏林、波士顿、旧金山。

图1-2　世界上第一条地下铁道线路

20世纪初是有轨电车发展的黄金时代。1881年德国柏林工业博览会期间，一辆只能乘坐6人的有轨电车在400 m长的轨道上展示。1888年，世界上第一个将有轨电车系统投入商业运营的城市是美国弗吉尼亚州的里磁门德市。

20世纪初，有轨电车系统发展很快。在20世纪20年代，美国的有轨电车线路总长达25 000 km。到了20世纪30年代，欧洲、日本、印度和我国的有轨电车有了很大的发展。1908年中国第一条有轨电车在上海建成通车。1909年大连市也建设了有轨电车。在随后的时间里，北京、天津、沈阳、哈尔滨、长春等城市都相继修建了有轨电车，在当时的城市公共交通中发挥了骨干作用。

旧式有轨电车因行驶在道路中间，与其他车辆混合运行，又受路口红绿灯的控制,所以运行速度很慢,正点率低,而且噪声大,加减速性能较差。随着汽车工业的迅速发展,西方国家私人小汽车数量急剧增长,大量的汽车涌上街头,城市道路面积明显不够用。从20世纪50年代开始,世界各国大城市都纷纷拆除有轨电车线路,这阵风也波及中国。至50年代末,我国各大城市的有轨电车线也基本拆完,仅剩下大连、长春的个别线路,并一直保留至今,继续承担着正常的公共客运任务。

20世纪六七十年代在地下铁道建设高峰时期,由于地下铁道造价昂贵,建设进度受财政和其他因素制约,西方大城市在建设地下铁道的同时,又重新把注意力转移到地面轨道上来。利用现代高科技开发了新一代噪声低、速度快,走行部转弯灵活,乘客上下方便,甚至照顾到老人和残疾人的低地板新型有轨电车。在线路结构上,也采用了降噪声技术措施。在速度要求较高的线路上,采用专用车道,与繁忙道路交叉处,进入半地下或高架,互不影响。对速度要求不高的线路,可与道路平齐,与汽车混合运行。

1978年3月国际公共交通联合会(EITP)在比利时首都布鲁塞尔举行的会议上,确定了新型有轨电车交通的统一名称,英文名为 Light Rail Transit(LRT),中文名简称为轻轨交通。20世纪八九十年代,环保问题、能源结构问题突出,在经济可持续发展战略方针的指导下,全世界又掀起了新一轮的轻轨交通系统的建设高潮。我国长春、大连、天津等地也相继建成了新型轻轨线路。长春轻轨所使用的车辆,可载员300人,低地板部分离地面只有350 mm,极大地方便了乘客上下车。

回顾20世纪城市交通的发展历程,首先是有轨电车从大发展到大拆除;然后是汽车登上历史舞台,逐渐成了城市交通的主角;到20世纪末,以地铁和轻轨为代表的城市轨道交通又恢复了主导地位,这是一个螺旋式上升的过程。

二、城市轨道交通的系统

城市轨道交通经过100多年的发展,已成为一个大系统。我国国家标准《城市轨道交通技术规范》(GB 50490)将城市轨道交通定义为"采用专用轨道导向运行的城市公共客运交通系统,包括地铁系统、轻轨系统、单轨系统、有轨电车、磁浮系统、自动导向轨道系统、市域快速轨道系统"。

1. 地铁系统

地铁系统是一种大运量的轨道运输系统,采用钢轮钢轨体系,标准轨距为1 435 mm,主要在大城市地下空间修筑的隧道中运行,当条件允许时,也可以穿出地面,在地上或高架桥上运行。

2. 轻轨系统

按照国际标准,城市轨道交通列车可分为A、B、C三种型号,分别对应3 m、2.8 m、2.6 m的列车宽度。选用A型或B型列车的轨道交通线路称为地铁,采用5~8节编组列车;选用C型列车的轨道交通线路称为轻轨,采用2~4节编组列车。

B型车和C型车的造价与技术含量要小于A型车。随着我国城市的发展,一些大中型城市已开通或正在建设地铁和轻轨。关于两者的区别,有人认为城市轨道交通中，在地面以下行驶的叫地铁，在地面或高架上行驶的就是轻轨；还有人认为轻轨的钢轨重量比地铁轻，这两种认识都是错误的。地铁和轻轨都可以建在地下、地面或高架上。为了增强轨道的稳定性，减少养护和维修的工作量，增大回流断面和减少杂散电流，地铁和轻轨都选用轨距为1 435 mm的国际标准双轨作为列车轨道，与国铁列车选用的轨道规格相同，并没有所谓的钢轨重量轻重之分。

3. 单轨系统

单轨系统的特点是使用的轨道只有一条，而非传统铁路的两条平衡路轨。单轨系统通常都是采用高架的方式，而列车多数都是采用橡胶轮胎。单轨系统主要应用在城市人口密集的地方。也有在游乐场内建设的单轨系统，专门运载游人。按照走行模式和结构，单轨系统主要分成两类：悬挂式单轨和跨座式单轨。悬挂式单轨系统（也称空中轨道列车）的列车悬挂在轨道之下（图1-3）。另一种较为常见的是跨座式单轨系统（图1-4），列车跨坐在路轨之上，两旁盖过路轨。

图1-3　日本千叶悬挂式单轨车

图1-4　重庆跨座式单轨车

4. 有轨电车

有轨电车（图1-5）是采用电力驱动并在轨道上行驶的轻型轨道交通车辆，亦称路面电车，简称电车。通常全部在街道上行走，列车一般只有单节，最多不超过三节。另外，某些在市区的轨道上运行的缆车亦可算作路面电车的一种。由于电车以电力驱动，车辆不会排放废气，因而是一种无污染的环保交通工具。

5. 磁浮系统

磁浮系统是利用电磁力抵消地球引

图1-5　有轨电车

力，通过自动控制手段使车体与轨道之间保持一定的间隙（悬浮间隙约为1 cm），使列车悬浮在轨道上运行。

高速磁浮系统的最高速度可以达到500 km/h以上，中低速磁浮系统的最高速度与地铁相当。城市轨道交通系统中的磁浮系统是中低速磁浮，时速在120 km/h以下。磁浮是一种中量运输系统，在高峰时段每小时的单向运输量在1.5万~3万人次。

磁浮系统虽属于轨道交通，但具备与传统轮轨轨道交通不同的特点和优势。它具有速度快、爬坡能力强、能耗低和低噪声无碳等众多优点，是未来城市交通发展的重要方向之一。

上海有中德合作开发的世界第一条磁浮商运线。2016年5月6日，中国首条拥有完全自主知识产权的中低速磁浮铁路——长沙磁浮快线（图1-6）正式通车。其开通标志着长沙成为中国第二个开通磁浮线路的城市。

6. 自动导向轨道系统

自动导向轨道系统（图1-7）是一种中小运量的输送系统。列车沿着特制的导向装置行驶，车辆运行和车站可以采用计算机进行控制，能够实现全自动化和无人驾驶。自动导向轨道系统适用于城市机场线和城市客流量相对集中的点对点运输线路，在必要时可以采取中间少停靠站的方式运营。在欧美国家，常采用1～2节编组，每小时单向运输能力为5 000～10 000人次。

图1-6　长沙磁浮快线

图1-7　自动导向轨道

7. 市域快速轨道系统

市域快速轨道交通系统是一种大运量的轨道运输系统，每小时单向客运量可以达到20万～50万人次。它适用于城市区域内重大经济区之间中长距离的运输，由于线路长，站间距离较大，平均站距比一般市内地铁要长得多，一般在2～5 km，而一般市内地铁仅为1 km左右。一般采用120 km/h以上的快速列车。我国首列市域快速轨道车辆在2014年诞生于中国北车长客股份有限公司，最高运行时速可达160 km/h，介于地铁车辆和城际动车组之间，它可以实现与地铁线路共轨运行或者"零距离"换乘。

三、城市轨道交通车辆的特点

车辆是城市轨道交通系统中完成乘客运输任务的直接工具，它具有以下特点：

（1）载客能力强。地铁A型车额定乘客数为310人/辆，超载乘客为432人/辆。

（2）动力性能好。速度快，加速能力强，制动效果好。

（3）安全可靠性强。设备先进，故障率低，稳定性好，可靠性强，突发情况下适应性强。

（4）车内布置独特。座位少，车门多且宽大，内部设备少等。

（5）灵活的牵引特征。根据不同的线路特征，可采用不同的牵引方式，即动力集中牵引和动力分散牵引。

（6）节能环保。车辆牵引动力常用电力。

（7）防火性能要求高。特别是在地下隧道运行时，对防火性能的要求更高。

不同城市、不同类型的城市轨道交通车辆虽然各不相同，但车辆的总体技术都是向着轻量化、节能化、少维修、低噪声、舒适型、高可靠性及低寿命周期成本的方向发展。

地方链接

2012年5月11日，国家发展改革委发文批准江苏省常州市城市轨道交通近期建设规划（2011—2018年），常州市成为全国第29个、江苏省第4个获批建设城市轨道交通的城市，也是2011年全国城市轨道交通安全大检查以来第一个获批建设的城市。常州轨道交通1号线一期工程于2013年开工，2019年年底运营。

常州市轨道交通共规划设置了6条城市轨道交通线路（图1-8），还预留了与周边城市、外围组团（片区）相衔接的市郊线。

练习题

一、填空题

1. 世界上第一条地下铁道于1863年1月10日在_____建成。

2. 1908年中国第一条有轨电车在_____建成通车。

3. 新型有轨电车交通的统一名称，英文名为 Light Rail Transit（LRT），中文名简称为_____。

4. 地铁系统是一种大运量的轨道运输系统，采用_____体系，标准轨距为1 435 mm，主要在大城市地下空间修筑的隧道中运行。

5. 单轨系统的特点是使用的轨道只有一条，通常采用高架的方式，多数采用_____轮胎。

二、简答题

简述城市轨道交通车辆的特点。

三、查一查

简要介绍我国的第一条地铁。

单元一 车辆总体

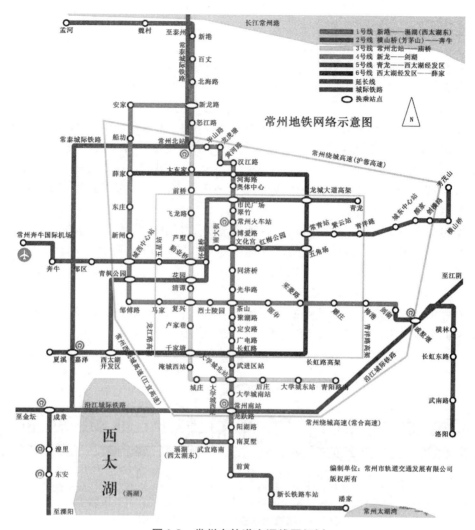

图1-8 常州市轨道交通线网规划

课题二 车辆分类、编组、标识

 课题目标

(1) 掌握车辆的分类方法。
(2) 掌握列车编组的形式。
(3) 掌握列车标识的含义。
(4) 能判断并写出列车的编组形式。
(5) 能正确说出列车上有编号设备的编号。

一、车辆分类

城市轨道交通车辆品种多样,为方便车辆制造、运营、维修,须制定统一的分类标准。

1. 按车辆规格分类

城市轨道交通车辆按车体宽度可分为 A(3 m)、B(2.8 m)、C(2.6 m)三类。车辆的选型主要依据线路远期高峰每小时的运量大小来确定。通常,高运量(单向运能5万~7万人次/h)选择 A 型车;大运量(单向运能3万~5万人次/h)选择 B 型或 A 型车;中运量(单向运能1万~3万人次/h)选择 C 型或 B 型车。

2. 按牵引动力配置分类

按照城市轨道交通车辆牵引动力配置来分类,有电机与传动装置的车辆称为动车(Motor),无电机与传动装置的车辆称为拖车(Trailer)。其中,动车以 M 表示,拖车以 T 表示,带司机室的拖车以 Tc 表示。

3. 按车辆安装设备的不同分类

有些城市轨道交通车辆按照欧系车辆的习惯,依据在一列车组中车辆所装载的设备不同分为 A 车、B 车、C 车三种类型,如图1-9所示。

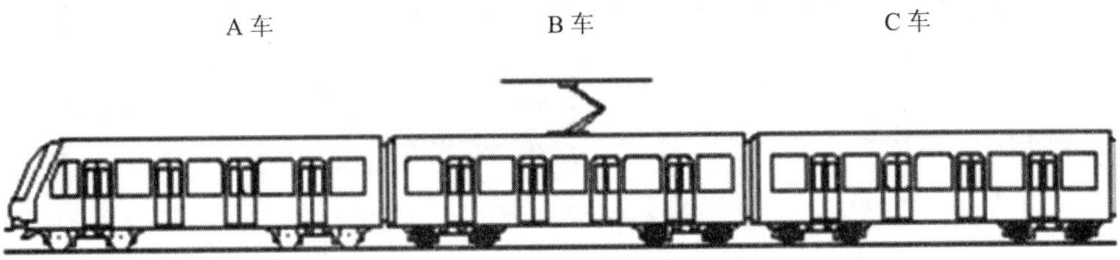

A 车:带有驾驶室的拖车。本身无动力,依靠有动力的车辆拖动。
B 车:无驾驶室的动车,其转向架上带有牵引电动机,车顶安装有受电弓或车底装有受流器。
C 车:无驾驶室的动车,其转向架上带有牵引电动机,车底装有空气压缩机。

图1-9 城市轨道交通车辆 A、B、C 车

4. 按供电制式和受电方式不同分类

根据供电制式不同,城市轨道交通分为架空接触网供电和接触轨供电两种形式,对应的列车按受电方式分为带受电弓车辆(图1-10)和带受流器(也称受电靴)车辆(图1-11)。

图1-10 带受电弓车辆

图1-11 带受流器车辆

二、车辆编组

城市轨道交通系统中,车钩把动车和拖车连接成的一个相对固定的编组称为一个(动力)单元。一列车可以由一个或几个单元编组构成。车辆编组主要包括列车中动车与拖车的分布形式,以及车辆之间的连接方式。车辆编组需考虑的因素有线路坡度、运营密度、站间长度、安全可靠性、工程投资、舒适度、客流量大小等。

在编组方式中,"M"表示动车,"T"表示拖车,"c"表示带有司机室,"p"表示带有受电弓,"+"代表全自动车钩,"-"代表半永久牵引杆,"="代表半自动车钩。

一列车的车辆编组一般为4~8辆,通常6辆最为常见。6辆车编组的列车按以下形式配置(图1-12):+ A - B - C = C - B - A +,构成列车的基本单元为:+ A - B - C =。

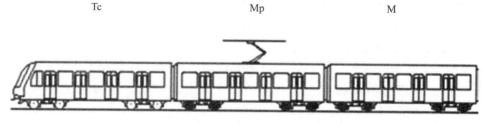

图1-12 列车基本单元编组

目前我国各个城市的地铁编组方法没有统一的规定,但是均采用动拖混编的方式。一般动拖混编采用"4动2拖"或"3动3拖"的连接方式。

列车并不一定是偶数编组,编组数量主要取决于城市及其线路的近远期客流量的大小。比如,苏州地铁1、2号线,无锡地铁1号线均采用5辆编组,编组方式为:+ Tc - Mp - M - Mp - Tc +。

随着城市的发展,当既有线路不能满足客运能力的需要时,亦存在扩编问题。

三、车辆标识

通常每辆车都有专属的固定编号,但目前由于我国城市轨道交通车辆所在城市和线路的不同,各种编组、编号、标记定义也不尽相同,没有统一的车辆标识规定,但方法比较类似。车辆编号有的由数字和字母组成,也有的全用数字,主要标明了车辆所属线路、车辆类型和车辆序号。

四、车辆的车端、车侧、车门、座位等标识

1. 车辆的车端、车侧的定义

每辆车都有1位端和2位端。A车的1位端是自动化程度高的车钩一端;B车的1位端是与A车连接的端;C车的1位端是与B车连接的一端,车辆的另一端就是2位端,如图1-13所示。

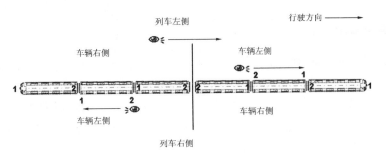

图 1-13 车辆端部及列车车侧的标识

车辆的车侧是指：人位于 2 位端，面向 1 位端，人的右侧就是该车辆的右侧，人的左侧就是该车辆的左侧。

2. 列车的车侧

列车的车侧与车辆的车侧定义是不同的。列车的车侧是以司机为主体，司机坐在驾驶位上，沿行驶方向，其左侧就是列车的左侧，右侧就是列车的右侧。也就是说，列车的行驶方向不同，列车的左右侧也会有所不同。

3. 转向架和轴的编号

每辆车有 2 个转向架，分为转向架 1 和转向架 2，转向架 1 位于 1 位端，转向架 2 位于 2 位端。每辆车有 4 根轴，从 1 位端开始至 2 位端，依次连续编号为轴 1、轴 2、轴 3、轴 4，如图 1-14 所示。

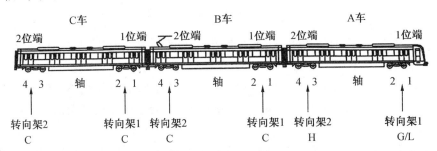

C—动车转向架；H—拖车转向架，不带 ATC 装置和轮缘润滑；G—拖车转向架，带 ATC 装置；L—拖车转向架，带 ATC 装置和轮缘润滑。

图 1-14 转向架和轴的编号

4. 车门和座椅的编号

（1）门页是从 1 位端开始至 2 位端，车辆的左侧是从小到大的连续奇数，即 1、3、5、7……右侧是从小到大的连续偶数，即 2、4、6、8……

（2）车门编号是由左右两个门页号码组合而成，如 1/3、2/4 号门。

（3）座椅是从 1 位端到 2 位端编号，左侧为奇数，右侧为偶数。

5. 空调单元的编号

每辆车的车顶有 2 个空调单元，位于 1 位端的空调单元称为空调单元 1，位于 2 位端的空调单元称为空调单元 2。

 **地方链接**

常州地铁1号线列车的受电方式为带受电弓，选用B型车，如图1-15所示为B_2车型，6辆车"4动2拖"的编组形式。

图1-15　常州地铁1号线列车

 **练习题**

一、填空题

1. 按照国际标准，城市轨道交通车辆可分为_____、_____、_____三种型号，分别对应_____ m、_____ m、_____ m的车辆宽度。

2. 城市轨道交通车辆的动车以_____表示，拖车以_____表示，带司机室的拖车以_____表示，带有受电弓的动车以_____表示。

3. 按照欧系车辆的习惯，依据在一列车组中车辆所装载的设备不同分为_____车、_____车、_____车三种类型。

4. 地铁编组方法没有统一的规定，但是均采用_____混编的方式。常见的六辆编组列车的编组形式为_____和_____。

5. 每辆车都有_____位端和_____位端。A车的_____位端是自动化程度高的车钩的一端；B车的_____位端是与A车连接的一端；C车的_____位端是与B车连接的一端，车辆的另一端就是_____位端。

二、看图填空（图1-16）

（　）车　　　　（　）车　　　　（　）车

（　）位端　（　）位端　（　）位端　（　）位端　（　）位端　（　）位端

转向架（　）　转向架（　）　转向架（　）　转向架（　）　转向架（　）　转向架（　）

图1-16　列车基本单元编组

三、查一查

1. 为什么地铁车辆要成列运行？编组是否越长越好？
2. A型车、B型车、C型车的长和宽尺寸各是多少？
3. 如图1-17所示，有人调侃常州地铁的标识与小米的标识"撞衫"，查一查常州地铁标识的含义。

图1-17　常州地铁标识

四、简答题

1. 城市轨道交通车辆的车端是怎样规定的？
2. 城市轨道交通车辆的车门、座椅是如何编号的？

课题三　车辆总体及主要技术参数

课题目标

（1）掌握车辆的主要组成部分。
（2）掌握不同类型车辆的主要尺寸。
（3）掌握车辆的主要技术参数。
（4）掌握限界的概念及分类。
（5）了解车辆限界。

一、车辆总体

城市轨道交通车辆类型不同，技术参数也不同，但其基本结构类似。车辆主要由车体、车门、转向架、连接装置、制动系统、空调系统、电气系统等组成。

1. 车体

车体不仅是城市轨道交通车辆中容纳乘客和司机驾驶的部分，还是安装和连接其他设备及组件的基础。车体主要由底架、侧墙、端墙、车顶等组成。目前，车体均采用不锈钢或铝合金材料整体承载的结构，既能减轻重量，又能满足强度要求。

车体有带司机室和无司机室两种类型。一般司机室采用框架结构，外罩玻璃纤维增强塑料罩，用螺栓固定在车体构架上。司机室内布置有驾驶台转椅和司机需要操作的各种电气设备箱。

车体是搭载乘客的地方，内部装饰美观、舒适，每侧有车窗和供乘客上下的宽型车门及传动装置。车体内还应布置座椅扶手、立柱、乘客信息系统等设施，以及车门紧急手柄、紧急对讲、灭火器等安全设施，还要安装其他车辆必备的各种设备和部件。

2. 车门

因为城市轨道交通具有站间距离短（1～2 km）、载客能力强、开关门频繁且时间短的特点，所以客室车门有别于其他铁道车辆及普通车辆的车门。城市轨道交通车辆每侧设有四对或五对电动车门，这种车门具有结构简单、易控制、动作快、占空间小、故障率低、安全可靠等优点。

3. 转向架

城市轨道交通车辆宜采用无摇枕的两系悬挂两轴转向架。转向架位于车体与轨道之间，是支撑车体及载荷并引导车辆沿钢轨行驶的车辆运行装置，承受来自车体与轨道的各种载荷，缓和振动，是保证车辆运行品质的关键部件。

城市轨道交通车辆的每节车辆由两台转向架支承。转向架分动车转向架和拖车转向架两种。每台动车转向架上装两台牵引电机驱动装置，牵引电机通常采用全悬挂方式（又称架悬式）固定在转向架上。

4. 连接装置

城市轨道交通车辆是由连接装置连接并成列运行。车辆之间的连接要实现机械连接、气路连接、电气连接和空间连接。在每辆车的首尾端各安装一个车钩缓冲装置，其作用是连接车辆，传递牵引力、制动力，缓和冲击等。固定编组的各车辆间设半永久性牵引杆或密接式半自动车钩，司机室前端设密接式自动车钩或密接式半自动车钩。有些型号的车钩在完成连接作用的同时，还自动接通两节车厢之间的电路、空气管路。车辆之间的空间连接由贯通道实现，使乘客能方便、安全地从一个车厢到另一个车厢。

5. 制动系统

制动系统是使车辆减速、停车，保证列车安全运行必不可少的装置。在动车和拖车上都装有制动系统。除常规的空气制动系统外，城市轨道交通车辆的动车还要求具有电制动功能。常用制动应使用电制动，并应充分利用电制动功能。电制动与空气制动应能协调配合，且应具有冲击率限制。当电制动力不足时，空气制动应按总制动力的要求补充不足的制动力。空气制动应具有相对独立的制动能力，即使在牵引供电中断或电制动发生故障的情况下，也应能保证空气制动发挥作用。

6. 空调系统

由于车厢密闭及人流量大等问题的存在，空调系统成为改善车厢内的空气质量必须安置的系统。城市轨道交通车辆空调一般采用车顶单元式。空调机组就是应用蒸气压缩制冷的原理将压缩机、冷凝器、节流装置、蒸发器通过管路等组合在一起，成为一个单元，安装在车顶上。有些城市的车辆还设置了采暖装置，一般采用电热器加热，安装在车厢座椅或侧墙下方。

7. 电气系统

电气系统主要包括牵引系统、辅助供电系统、网络控制系统、乘客信息系统等。

牵引系统的功能是在列车进行牵引时为列车提供牵引动力，把地铁牵引接触网所提供的电能转换为列车在轨道上运行的动能。再生制动时，列车牵引系统把列车的动能转换为电能反馈到电网供其他列车使用，这极大地降低了列车的实际能量损耗。当列车制动时牵引系统反馈的电能使得电网电压超过 1 800 V，此时列车再生制动产生的电能消耗在制动电阻上，列车的动能转换为热能散失在大气中。牵引系统主要由车辆上的受电器和各种电气牵引设备及其控制电路组成。

辅助供电系统负责供给除牵引电机以外的车辆上所有用电设备和系统的用电。辅助供电系统主要由辅助静态逆变器、充电器、蓄电池三大部分组成。辅助静态逆变器将 DC 1 500 V 输入逆变成 AC 380 V 供给车辆辅助交流负载,另一路交流输出,再转换成 DC 110 V 低压直流输出,供给车辆辅助直流负载。DC 110 V 输出还有一路是与辅助静态逆变器分开设置,直接单独地将 DC 1 500 V 输入转换成 DC 110 V 低压直流输出,供给车辆辅助直流负载。

蓄电池是车辆辅助供电系统的低压直流备用电源,在辅助逆变器正常工作时处于浮充电状态;在网压供电或辅助逆变器发生故障而不能正常工作时,可作为紧急电源向车辆辅助直流紧急负载(如客室车厢紧急通风、紧急照明及各控制系统)进行供电。

网络控制系统将列车的各个子系统及相关外部控制电路的信息进行读取、编码、通信传递、数据逻辑运算及输出控制。网络控制系统对列车的供电状况、速度、列车运行模式等状态信息进行实时监控和识别,并根据读取到的列车驾驶人员发出的指令信息,对列车上各个子系统发出相关控制指令,以使各子系统进行相应的调整,符合设定的功能要求,实现对列车的控制。

城市轨道交通车辆乘客信息系统的主要功能包含列车广播系统、司机对讲与乘客紧急报警系统、乘客信息播放和显示系统、车载视频监控系统、与地面乘客信息系统通信、火灾报警系统、乘客安全标志等。这些子系统相对独立,但系统间又有着密不可分的联系,存在着多种通信协议和总线。

二、车辆的主要技术参数

城市轨道交通车辆的技术参数分为性能参数与主要尺寸参数两部分,参数概括了车辆技术规格的相关指标,从总体上对车辆性能及结构进行表征。

1. 车辆的性能参数

(1) 自重与载重。自重:车辆整备状态下自身结构及设备组成的全部质量,以吨(t)为单位;载重:正常情况下车辆允许的最大装载质量,以吨(t)为单位。

(2) 构造速度:安全及结构强度等条件限定的,车辆能够以该速度持续稳定地运行的最高行驶速度。

(3) 轴重:按车轴形式及在某个运行速度范围内,车轴允许负担(包括轮对自身的质量)的最大总质量。

(4) 每延米轨道载重:是车辆设计中与桥梁线路强度密切相关的一个指标,同时也是能否充分利用站线长度提高运输能力的一个指标,其数值是车辆总质量与车辆全长之比。

(5) 通过最小曲线半径:配用某种形式转向架的车辆在站场或厂、段内调车时所能安全通过的最小曲线半径。

(6) 轴配置或轴列数:用数字或字母表示车辆走行部结构特点的方式。若是 4 轴动车,设两台动力转向架,则轴配置记为 B - B;若是 6 轴单铰轻轨车,两端为动力转向架,中间为非动力铰接转向架,其轴配置记为 B - 2 - B。

(7) 最大启动加速度：是指在平直线路上，额定定员的载荷条件下，列车在启动过程中单位时间内速度的增加量（m/s²）。

(8) 平均启动加速度：是指在平直线路上，额定定员的载荷条件下，自牵引电动机取得电流开始，至启动过程结束，该速度被全程经历的时间所除的商。

(9) 最大制动减速度：是指在平直线路上，额定定员的载荷条件下，列车在制动过程中单位时间内速度的减小量（m/s²）。

(10) 列车平稳性指标：是反映车辆振动对人体感受造成影响的主要指标，其值越大，说明车辆的稳定性越差，一般要求城轨车辆的平稳性指标值小于2.7。

(11) 供电电压：一般采用DC 1 500 V（波动范围DC 1 000 V ~ DC 1 800 V）或DC 750 V（波动范围DC 500 V ~ DC 900 V）。

(12) 冲击率：由于工况改变引起列车中各车辆所受到的纵向冲击，以加速度变化率（m/s³）来衡量。城市轨道交通车辆的冲击率不得超过0.75 m/s³。

(13) 转向架安全性指标：是反映转向架运行平稳、稳定和良好过弯性能的指标，如脱轨系数、倾覆系数、轮重减载率等。

(14) 车辆载员数：车辆座席数及每平方米地板面积站立人数。城轨车辆的座席数较少，车辆设计时额定载荷站立标准按6人/m²，超载按站立标准9人/m²计算。

2. 车辆的主要尺寸参数

(1) 车辆长度：车辆处于自由状态，车钩呈锁闭状态时，两端钩舌内侧之间的距离。

(2) 车辆最大宽度：车体横断面上最宽部分的尺寸。

(3) 车辆最大高度：车辆顶部最高点与钢轨顶面之间的距离，通常情况下还需说明与最高点相关的结构（如有无空调、受电弓等）的状态。

(4) 车钩高度：车钩水平中心线至钢轨面的高度。通常取新制造完成或检修后空车的数值。车钩水平中心线距轨面高可采用720 mm或660 mm。同一城市地铁车辆宜采取统一尺寸。

(5) 车辆定距：同一辆车的两个转向架回转中心之间的距离。

(6) 固定轴距：同一转向架的两个车轴中心线之间的距离。

(7) 地板面高度：车辆地板面与钢轨顶面之间的距离。取新制造或检修后空车的数值。其受两个方面的制约，一方面受车辆本身某些结构高度的限制，如车钩高及转向架下心盘面的高度；另一方面又与站台高度的标准有关，应与站台高度相协调，比如上海地铁车辆为1 130 mm，北京地铁车辆为1 053 mm。

地铁车辆的主要技术参数见表1-1。

表 1-1 地铁车辆的主要技术参数

名称		A 型车	B 型车	
			B_1 型车	B_2 型车
车辆轴数		4		
车体基本长度/mm	无司机室车辆	22 000	19 000	
	单司机室车辆	23 600	19 600	
车钩连接中心点间距离/mm	无司机室车辆	22 800	19 520	
	单司机室车辆	24 400	20 120	
车体基本宽度/mm		3 000	2 800	
车辆最大高度/mm	受流器车 有空调	—	3 800	—
	受流器车 无空调	—	3 600	—
	受电弓车（落弓高度）	≤3 810	—	≤3 810
	受电弓工作高度	3 980 ~ 5 800	—	3 980 ~ 5 800
车内净高度/mm		2 100 ~ 2 150		
地板面距轨面高度/mm		1 130	1 100	
轴重/t		≤16	≤14	
车辆定距/mm		15 700	12 600	
固定轴距/mm		2 200 ~ 2 500	2 000 ~ 2 300	
车轮直径/mm（新）		ϕ840		
每侧车门数/对		5	4	
车门宽度/mm		1 300 ~ 1 400		
车门高度/mm		≥1 800		
载员/人	座席 单司机室车辆	56	36	
	座席 无司机室车辆	56	46	
	定员 单司机室车辆	310	230	
	定员 无司机室车辆	310	250	
	超员 单司机室车辆	432	327	
	超员 无司机室车辆	432	352	
车辆最高运行速度/（km/h）		80、100		

注：1. 每平方米有效空余地板面积站立的人数，定员按 6 人计，超员按 9 人计；
2. 有效空余地板面积，指客室地板总面积减去座椅垂向投影面积和投影面积前 250 mm 内高度不低于 1 800 mm 的面积。

三、城市轨道交通车辆的三种限界

限界是限定车辆运行及轨道周围构筑物超越的轮廓线,分车辆限界、设备限界和建筑限界三种。规定限界的目的主要是为了防止车辆在直线或曲线上运行时与各种建筑物及设备发生接触,以保证车辆安全通行。

1. 车辆限界

车辆限界是车辆在平直线路上正常运行状态下所形成的最大动态包络线,用以控制车辆制造,以及制定站台和站台门的定位尺寸。车辆限界就是一个限制车辆横断面最大允许尺寸的轮廓图形。无论空车还是重车,在直线地段运行时所有突出和悬挂部分都应容纳在限界之内。车辆限界是根据车辆外轮廓尺寸和主要技术参数,并考虑车辆在平直线路上正常运行状态下静态运动包络线和动态情况下横向与竖向偏移量及偏转角度,按可能产生的最不利情况进行组合计算而确定的。

2. 设备限界

设备限界是车辆在故障运行状态下所形成的最大动态包络线,用以限制行车区的设备安装。

3. 建筑限界

建筑限界是在设备限界基础上,满足设备和管线安装尺寸后的最小有效断面。

车辆限界与设备限界或建筑限界之间必须留出确保行车安全的空间,如图1-18所示。

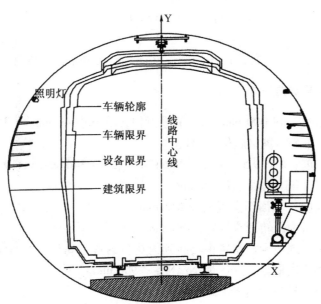

图1-18 限界关系

这个空间应考虑以下因素:
(1) 车辆制造公差引起的上、下、左、右方向的偏移或倾斜。
(2) 车辆在名义载荷作用下弹簧受压引起的下沉,以及弹簧由于性能上的误差可能引起的超量偏移或倾斜。

(3) 由于各部分磨耗或永久变形而造成的车辆下沉,特别是左、右侧不均匀磨耗或变形而引起的车辆倾斜与偏移。

(4) 由于轮轨之间以及车辆自身各部分存在的横向间隙而造成车辆与线路间可能形成的偏移。

(5) 车辆在走行过程中因运动中力的作用而造成车辆相对线路的偏移,包括在曲线区段运行时实际速度与线路超高所要求的运行速度不一致而引起的车体倾斜,以及车辆在振动中也会产生上、下、左、右各个方向的位移。

(6) 线路在列车反复作用下可能产生的变形,包括轨道产生的随机不平顺现象等。

 地方链接

常州地铁1号线主要技术性能参数如下。

一、供电条件

1. 供电电压

额定电压:DC 1 500 V

变化范围:DC 1 000 V ~ DC 1 800 V

线路最高电压(不超过5分钟):DC 1 950 V

2. 受电方式

接触网受电弓受电。隧道内采用刚性悬挂,隧道外采用柔性悬挂。

二、车辆主要结构尺寸

(1) 车体长度:19 000 mm(Tc车适当加长 Δ = 1 340 mm),Tc车车体底架延伸到司机室内,作为司机室底架使用。

(2) 列车长度:$6 \times 19\ 520 + 2\Delta = 117\ 120 + (2 \times 1\ 340)$ mm = 119 800 mm。

(3) 车辆外部最大宽度:2 880 mm。

(4) 车辆高度(轨面至空调):3 815 mm。

(5) 车辆地板面距轨面高度:1 100 mm。

(6) 车辆客室地板面沿车辆中心线到天花板的最小高度:2 100 mm。

(7) 车辆客室内乘客站立区最小高度:1 900 mm。

(8) 车辆两个转向架间中心距:12 600 mm。

(9) 自动车钩中心线距轨面高度:660 mm。

三、列车重量

拖车(Tc)(AW0):≤31 t/辆。

动车(M、Mp)(AW0):≤34 t/辆。

四、列车牵引性能

在定员载荷和车轮半磨耗状态下：
(1) 列车最高运行速度：80 km/h。
(2) 全线平均运行速度：≥35 km/h（平均站停时间30 s）。
(3) 牵引运行时冲击限度：≤0.75 m/s^3。
(4) 平均启动加速度（0~40 km/h）：≥1.0 m/s^2。
(5) 列车联挂速度：≤5 km/h。
(6) 列车牵引计算黏着系数：0.165~0.17。

五、列车制动特性

(1) 常用制动平均减速度（80 km/h~0）：≥1.0 m/s^2。
(2) 快速制动平均减速度（80 km/h~0）：≥1.2 m/s^2。
(3) 紧急制动平均减速度（80 km/h~0）：≥1.2 m/s^2。
(4) 电-空制动转换点：≤6 km/h。
(5) 制动计算黏着系数：0.165。
(6) 制动时冲击限度：≤0.75 m/s^3。
(7) 停放制动力能使 AW3 列车在 35‰ 坡道上安全、可靠地停放。
(8) 紧急制动距离（初始速度为 80 km/h 时）：≤205 m。

 练习题

一、填空题

1. 城市轨道交通车辆主要由 _____、_____、_____、_____、_____、_____、_____ 等组成。
2. 同一辆车两个转向架回转中心之间的距离称为_____。
3. 同一转向架的两个车轴中心线之间的距离称为_____。
4. 限界分为_____、_____、_____ 三种。
5. 常州地铁 1 号线自动车钩中心线距轨面高度为_____ mm。

二、简答题

1. 简要说出城市轨道交通车辆的主要结构。
2. 什么是车辆限界？
3. 常州地铁 1 号线车辆构造速度是多少？在实际运行时能不能超过该速度？

三、查一查

地铁开通前要先进行列车的冷热滑运行试验。什么是冷滑试验？什么是热滑试验？

课题四 车辆设备布置

课题目标

（1）了解车辆设备的布置原则。
（2）能正确说出主要设备在车辆中的位置。

一、车辆设备

城市轨道交通车辆通常以动车组的形式出现，车内空间尽量用于容纳乘客，设备的布置应使客室环境安全、舒适，与乘客无直接关系的车辆运营所需设备尽可能悬挂于车底，以使车内空间最大化。

车辆设备按照在车辆上的安装位置可分为车顶设备、车内设备和车底设备。车顶设备主要包括受电弓、车辆空调；车内设备主要包括客室车门、司机室车门、疏散门、司机座椅、列车操纵设备、车辆灯具、客室座椅、车窗、座椅、挡风板、扶手、安全锤、灭火器、排水管等；车底设备（图1-19）主要包括供风设备（空气压缩机组）、制动设备（制动控制单元、空气管路、基础制动装置）和电气设备（牵引箱、制动电阻、高速断路器、牵引电动机、信号设备、车间电源）等。

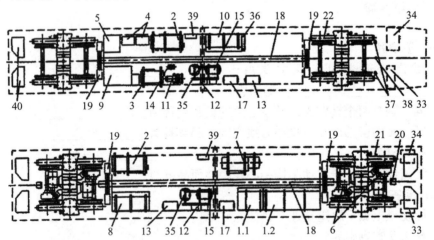

1.1—线路滤波器；1.2—牵引逆变器VVVF；2—DC/AC逆变器；3—DC/DC转换器；4—高速断路器；5—车间电源；6—牵引单元；7—制动电阻；8—辅助设备柜B/C车；9—蓄电池；10—辅助设备柜A车；11—空压机单元；12—空气控制屏；13—主风缸；14—空气干燥器；15—制动风缸；17—空气弹簧供风缸；18—电缆槽；19—电缆分布槽；20—电机连线；21—动车转向架；22—拖车转向架；33—A车电气柜；34—A车电阻柜；35—门控风缸；36—空压机启动电阻；37—ATC天线；38—通信天线；39—接地装置；40—车钩盒。

图1-19 车底设备分布

二、布置原则

城市轨道交通车辆的机电设备及电、气管线的布置不尽相同，但一般兼顾以下原则。

1. 重量分配均匀

同一单元中，各车辆重量尽量接近，有利于牵引力和制动力的发挥，保证列车具有良好的运行平稳性；同一车辆中，采用对称布置，使载荷分布均匀，避免偏载。

2. 安装和维修方便

设备尽可能成模块组装，可操作性强。在运行过程中经常接触的设备，应留有足够的维护空间。车辆的主电路、辅助电路、控制电路和信号电路应有可靠的保护装置，且设有故障信号显示和故障设备的切除装置。

3. 安全可靠

城市轨道交通车辆多为动力分散型车辆，设备及管线的布置要充分考虑乘客的人身安全，要有足够的防护措施，不耐热的设备和器件应与热源远离或隔离，高压电器设备及线路应充分绝缘。

4. 节约成本

设备布置时，充分利用空间，大截面的电缆或母线尽可能短，少迂回，风管、风道尽量短，以简化施工过程和节约材料。

5. 车内空间最大化

车内设备要求不影响乘客的视觉角度，少噪声，特别是带司机室车辆要有一个安全操纵车辆的工作环境，有合适的作业空间，操作方便，易于观察仪器、仪表及信号，并远离噪声源。

6. 设备安装牢固

设备的安装应能承受一定的冲击力，并有足够的隔振和防松措施。

7. 整车电路布置规范

各电路的电气设备连接导线应采用多股铜芯电缆，其耐压等级、导电性能及线路布置均应符合相关规范和要求。

 地方链接

常州地铁 1 号线车辆设备在车顶、车辆上部、车底均有配置和布置。主要设备配置包括：司机室、牵引逆变器、牵引电机、受电弓、辅助逆变器、低压电源、高压电器箱、制动电阻、低压电器柜、线路滤波器、母线高速断路器、高速断路器、蓄电池组、车载列车自动控制装置、车辆控制模块、制动控制单元、空气压缩机、车载广播系统、乘客信息广播系统、车载专用无线通信设备、车载火灾报警设备、单元式空调机组等。

一、车顶配置

车顶配置空调、排气装置、受电弓（安装于 Mp 车顶部）和弓网监测装置等。

每单节车辆都装有2个空调，具体位置在列车的四分之一及四分之三处。每单节车辆车顶装有4个废气排放装置，设置于车顶中部。在两个Mp车的顶部分别安装一个受电弓作为电客车的取流装置。

二、车底配置

车底箱体布置辅助逆变器、蓄电池箱、辅助高压箱、低压箱、风源模块、风缸模块、牵引逆变器、制动电阻箱、牵引电抗箱、高压箱、风缸模块、母线高速断路器箱等。

三、车辆上部配置

车体是车辆的上部结构，是供旅客乘坐和司机驾驶及安装设备的主体结构。Tc车前端部为司机室。在每辆Tc车前端设计有防爬器，在发生撞车时能分散碰撞力，减少车体损坏。每两辆车之间通过贯通道连接。

Tc车内共布置6个7人座椅，二位端设置带靠扶的多功能区，车顶设置两台客室空调，分别位于1/4和3/4位置。

Mp车内共布置6个7人座椅和2个2人座椅，二位端设置带靠扶的多功能区，二位端顶部设置受电弓。

M车内布置与Mp车一致。

每节车体上设置4对电动塞拉门，司机室设置1对手动内藏门。司机室和客室采用全封闭式真空车窗，司机室前窗为电热式窗。全列车共有5套贯通道。

Tc车上设置了外部照明系统，由前照灯（远光灯、近光灯）和行车标志灯（布置在近光灯四周）组成，主要用于外部照明。

练习题

一、填空题

1. 车辆设备按照在车辆上的安装位置可分为_____、_____和_____。
2. 车顶设备主要是_____和_____。
3. 车内空间尽量用于容纳乘客，与乘客无直接关系的车辆运营所需设备尽可能悬挂于_____，以使车内空间_____。

二、简答题

车辆设备的布置原则有哪些？

课题五　车辆总体认知实训

一、实训目标

(1) 熟悉城市轨道交通车辆的总体结构。
(2) 能准确指认车辆的主要组成部分。
(3) 能正确指认各组成部分的位置。
(4) 学会利用相关专业书籍、网络等途径查询实训车辆的主要技术参数。

二、实训设备和工具

城市轨道交通车辆一辆及车辆实训设备。

三、实训过程

(1) 分组实践，分组考核。
(2) 独立完成实训考核，填写相关表格。

单元二 车 体

单元导入

车体、客室是乘客乘坐的空间,司机室是司机驾驶的场所。车体、客室、司机室也是其他设备及组件安装、吊挂、连接的基础。城市轨道交通车辆车体、客室及司机室是车辆的重要组成部分,因此,对车辆的安全性和舒适性等各种性能都有很高的要求。

查一查

如图 2-1 所示,常州地铁 1 号线客室车厢内主色调为浅蓝色,整体内饰线条流畅,在总体布局上突出现代美学感,具有时代气息。请查看车厢内配备的设施。

图 2-1 常州地铁 1 号线客室车厢

课题一 车 体

课题目标

（1）掌握车体的作用、设计要求。
（2）掌握不同车体材质的区别。
（3）掌握车体的结构。
（4）掌握车体的主要尺寸。
（5）了解车体的结构工艺。

一、车体的作用及分类

1. 车体的作用

车体是城市轨道交通车辆运输的直接载体，既是乘客乘坐和司机驾驶的地方，又是其他设备和组件安装、连接的基础。

2. 车体的分类

（1）按照车体结构有无司机室，可分为有司机室车体和无司机室车体。

（2）按照车体大小，可分为 A 型车车体、B 型车车体和 C 型车车体。三种车型的主要区别是车体宽度。列车长度可以靠改变编组来随时变化，高度差别不大（因为人的身高都差不多），所以这些都不是确定车型的参考标准。只有宽度最重要，而且一旦成型就无法再改变，因此车体宽度是区分车型的唯一标准。

（3）按照车体材料，可分为耐候钢车体、不锈钢车体和铝合金车体。

（4）按照车体断面轮廓，可分为"V"形断面车体（图 2-2）和鼓形断面车体（图 2-3）。鼓形断面车体中间稍稍外凸，其最大的优点是提高了空间容纳能力，能提升乘客乘坐的舒适度。当然它的工艺要求更高，外凸的门窗和车身必须严丝合缝。但是，鼓形车体的限界与垂直侧门的车是一样的。

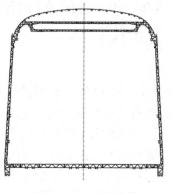

图 2-2 V 形断面车体

图 2-3 鼓形断面车体

3. 车体的基本特征和设计要求

（1）具有足够的承载能力，即较高的强度、刚度。

（2）车辆自重轻，以提高经济效益。

（3）车内座位少，车门数量多，车内设备简单，以容纳更多的乘客。

（4）具有一定的防火、隔音能力。

（5）造型美观、色彩和谐。

（6）材料要求：具有一定的强度和刚度，耐腐蚀、轻量化。车体轻量化能够节约制造材料，降低牵引力消耗和车辆与线路的损耗。

二、车体材料

车体材料的选择不但影响车体的强度和刚度，直接关系到车辆运行的安全性和乘坐的舒适性，而且关系到车辆的载客能力和能耗大小，也关系到车辆检修工作量和使用寿命，并影响车辆采购费和运营维修费的高低。因此，选择城市轨道交通车辆车体材料时，不但要考虑采购价格，还要考虑车辆长期运行时的运营和维修费用。

车体材料已由早期的普通钢（包含普通低碳钢和耐候钢）发展为现在的不锈钢和铝合金。

1. 碳素钢车体

一般采用的是耐大气腐蚀钢，介于普通钢和不锈钢之间的低合金钢系列，由普通钢添加少量铜、镍等耐腐蚀元素制成，具有优质钢的强韧、塑延、成形、焊割、耐腐蚀、耐高温、抗疲劳等特性，铁路上货车使用得最多。但是其重量大，能耗高，耐腐蚀性能方面不如不锈钢和铝合金车体，维修量大，运营总成本高。自20世纪50年代起，采用不锈钢和铝合金车体取代了普通钢。

2. 不锈钢车体

不锈钢是一种含镍、铬的高合金钢，其强度是普通钢的1倍以上。不锈钢车体采用板、梁组合的整体承载全焊结构，车体的梁柱板厚 0.8～3 mm，车体外板厚 0.4～1.2 mm。能有效减轻自重，使车体轻量化。

为了降低制造成本和提高工艺性，对这种车体上没有腐蚀倾向的部位，如牵引梁、枕梁、侧门内立柱的下部（距地板面 300 mm 以上）、内端墙立柱等，通常采用普通钢或耐候钢。因此，即使是轻量化不锈钢车体，也大约有 30% 的普通钢或耐候钢。

3. 铝合金车体

铝合金车体必须采用大型中空型材及其组合件。

优点：中空的模块化结构，可以存放其他物品，如电线；利用仿生学（如鸟类），重量减轻 10%，从而减轻了车辆对轨道的负荷，在精简制造工艺的同时，提高了车体的强度和刚度；耐腐蚀性较好，寿命延长，维修简单且维修费用降低。

缺点：焊接性差，焊接变形难以控制；为了提高车体断面系数，增大抗弯强度，防止板材失稳，必须增加板厚，一般取钢板厚度的 1.4 倍，最小厚度为 2 mm，最大厚度达 6.5 mm；油漆附着能力较钢结构车体差，在积水状态下耐腐蚀性降低。

不锈钢车体和铝合金车体性能对比如表 2-1 所示。

表 2-1　不锈钢车体和铝合金车体性能对比

类　型	不锈钢车体	铝合金车体
熔点/℃	1 500	660
比重/（g/cm³）	7.85	2.71
抗拉强度/（N/mm²）	960～1 200	274～352
刚度/（N/mm²）	2.06×10^5	0.71×10^5
耐腐蚀性	不需涂漆	Al_2O_3 点蚀、面蚀、变色，需涂漆
成本（采购和维修）	低（采购价是普通钢车体的1.2倍）	高（采购价是普通钢车体的1.8倍）

目前，在欧洲城市轨道交通车辆市场，铝合金车体占据了 70% 的市场份额；在日本，不锈钢和铝合金车体各占据 50% 的市场份额；而在世界高速铁路市场，铝合金车体几乎占据了 95% 以上的市场份额。

三、车体的基本结构

城市轨道交通车辆车体均采用整体承载的钢结构或轻金属结构，在满足强度和刚度要求的同时降低车辆自重。从 20 世纪 80 年代开始我国地铁车辆的车体结构就开始采用耐候钢无中梁整体承载结构，车体侧墙、车顶的梁柱与蒙皮结合后与底架构成封闭断面，以增强车体的强度和刚度。到 20 世纪 90 年代又生产了断面为鼓形的轨道交通车辆，使其能更好地利用限界。《地铁车辆通用技术条件》（GB/T 7928—2003）规定我国地铁车辆车体采用整体承载结构。

车体一般由底架、端墙构架、侧墙构架、车顶和车头五个部分组成，构成一个整体承载的薄壁筒形结构。

1. 不锈钢车体结构

轻量化不锈钢车体结构由板、梁、柱组成的骨架构成，如图 2-4 和图 2-5 所示。不锈钢车体在组合外板、梁、柱时，为了减少热量的输入，采用点焊代替弧焊，梁柱的结合部分采用连接板传递载荷。进行不锈钢车体的钢结构设计时，应尽量采用点焊结构。但由于受到设备、工装、工序等各方面的限制，有些情况采用塞焊，以尽可能减小热影响区。

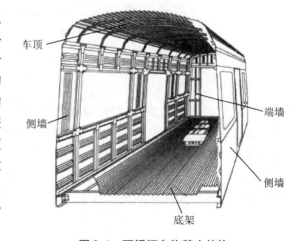

图 2-4　不锈钢车体基本结构

图 2-5　不锈钢车体结构

（1）底架组成。底架（图 2-6）是车体结构和设施的安装基础，它承受上部车体及装载物的全部重量，并将重量传给走行部。在列车运行时，它还承受电力机车牵引力和列车运行中所引起的各种冲击力及其他外力。所以，底架必须具有足够的强度和刚度，才能坚固耐用。

不锈钢车体的底架采用板、梁结合的结构，由中梁、侧梁、缓冲梁、枕梁和若干小横梁及纵向辅助梁与型材采取点焊或塞焊的方式连接。中梁是底架的骨干；侧梁是底架两侧边沿的纵向梁，用于固定侧墙；缓冲梁是底架两端部的横向梁，也称端梁，用于固定端墙；枕梁是转向架的支承处。

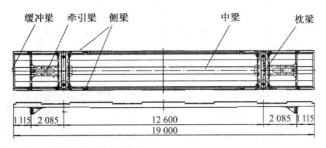

图 2-6　底架结构*

首尾车底架（图 2-7）前端设有防爬装置（图 2-8），发生剧烈冲撞时可以防止与相邻车辆相互爬叠，确保撞击力沿底架传递。防爬器通过四个 M20 螺栓固定在 Tc 车端部底架的止挡梁上。当一列 AW0 载荷列车以 25 km/h 的速度与一列静止的 AW0 载荷列车相撞时，车钩缓冲器、车钩压溃管、前端吸能缓冲区通过防爬器按顺序作用，吸收能量而使客室无损坏，确保乘客和司机的安全。

---

* 本书图中涉及的数据单位默认为毫米（mm）。

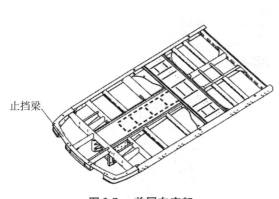

图2-7 首尾车底架　　　　　　　图2-8 首尾车底架前端的防爬装置

（2）侧墙组成。侧墙由侧墙板、门立柱、端立柱、窗立柱、窗口横梁、侧墙、上边梁等组成，侧墙结构如图2-9所示。

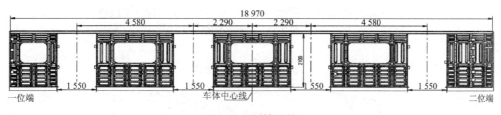

图2-9 侧墙结构

（3）车顶组成。车顶由弯梁、波纹顶板、侧顶板、侧边梁、平顶板、平顶水管等组成，如图2-10所示。

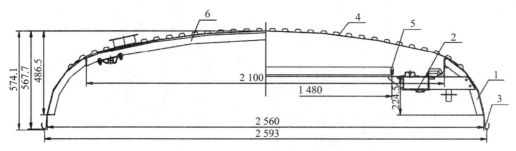

1—侧边梁；2—平顶水管；3—侧顶板；4—波纹顶板；5—平顶板；6—弯梁。

图2-10 车顶结构

（4）连接端端墙组成。端墙主要由端门立柱、门槛、端角柱、端墙板组成。它把底架、车顶、侧墙组合成一体，共同承受车体所受的各种载荷，如图2-11所示。

（5）司机室前端。司机室前端为不锈钢骨架和外部套装整体玻璃罩板结构。车体钢结构总组装工序：先将骨架与车顶、侧墙、底架焊接在一起，然后用螺栓将玻璃钢罩板连接在骨架上，如图2-12所示。

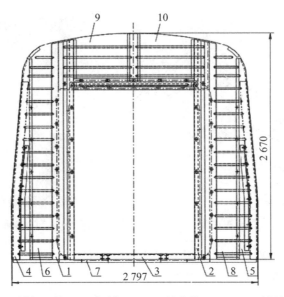

1、2—端门立柱；3—门槛；4、5—端角柱；6～10—端墙板。

图 2-11　端墙结构

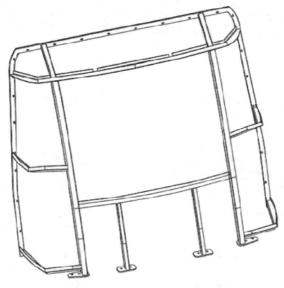

图 2-12　司机室前端内部骨架结构

2. 铝合金车体结构

铝合金车体结构经历了板梁结构铝合金车体、板梁和型材混合结构铝合金车体、完全闭式型材结构铝合金车体三个发展过程。

板梁结构铝合金车体结构与钢制车体的结构一样，即骨架、外板结构，车体由挤压型材组成骨架，外部焊有铝板，用点焊方法焊接。由于焊接变形大，必须通过增大板厚来获得刚度，减重效果不明显，车体的平度也不理想。因此，在铝合金车体的发展过程中，纯板梁结构铝合金车体使用的数量并不多。

板梁和型材混合结构铝合金车体在城市轨道交通车辆中应用得很多。在该车体结构中，只有牵引梁、枕梁和缓冲梁采用钢结构，其余全部采用铝结构，钢、铝结构之间采用铆钉铆接。

闭式型材结构或开闭式混合结构是目前世界上采用得最多的结构，全部结构件采用大型型材及大型中空型材，其宽度为 700～800 mm，长度与车体相同，最长可达 30 m，薄壁为 1.5 mm，取消了柱子、横梁及全部车顶弯梁。其制造工艺简单，车体平度、刚度好，因而被广泛采用。

四、车体拼装工艺

按照车体拼装形式，车体可分为一体化结构（也称为整体焊接结构）和模块化结构。

一体化结构即底架、侧墙、车顶、端墙和司机室均为焊接而成的部件，先将它们进行整个车体总装焊接，再进行内装、布管、布线。

随着技术的发展，近年来，国外研制了一种模块化车体结构。我国深圳和广州地铁 2 号线车辆均采用了模块化车体结构。模块化车体结构与整体焊接结构相比，最显著的特点是将模块化的概念引入车体设计、制造与生产管理的各个环节之中。模块化车体设计是将整个车体分成若干个模块，如图 2-13 所示。

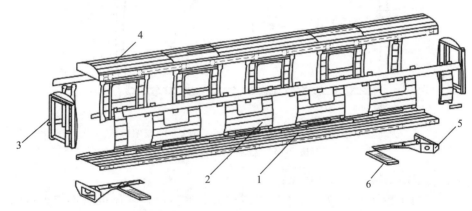

1—底架模块；2—侧墙模块；3—端部模块；4—车顶模块；5—牵引梁模块；6—枕梁模块。

图 2-13　车体模块组成

在每个模块的制造过程中完成整车需要的内装、布管与布线的预组装（车顶模块如图 2-14 所示），并解决相互之间的接口问题。各模块完成后即可进行整车组装。每一模块的结构部分采用焊接，而各模块之间的总成采用机械连接，如图 2-15 所示。

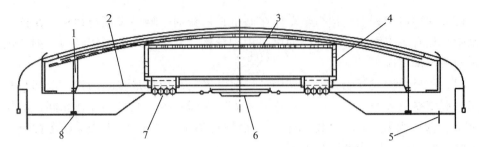

1—顶板吊架；2—顶板槽梁；3—空调风道；4—隔音、隔热材料；5—内部装饰；6—灯带；7—出风口；8—顶板悬挂。

图 2-14　车顶模块

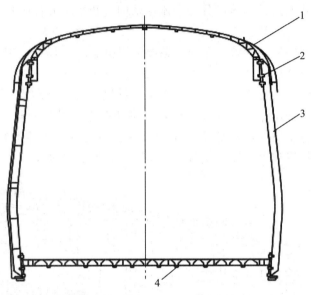

1—车顶模块；2—螺栓；3—侧墙模块；4—底架模块。

图 2-15　模块化车体组成

模块化车体结构具有如下优点：

（1）在每个模块的制造过程中均注意检验其质量。模块制成后均须进行试验，从而保证整车总装后的试验比较简单，也容易保证整车质量。

（2）每个模块的制造可以独立进行，且解决了模块之间的接口问题，因此，各模块和部件可以由不同的工厂同时生产，而且模块化生产对总装生产线要求不高。

（3）可以改善生产条件，降低施工难度，提高生产效率，保证整车质量。

（4）可以减少工装设备，简化施工程序，降低生产成本。

（5）在车辆检修时，可采用更换模块的方式进行，方便维修。

模块化车体结构的缺点：个别部件（如司机室框架）采用钢材制造，各部件之间采用钢制螺栓连接，所以车体自重要比全焊结构稍重。

五、车体的承载方式

按照车体结构承受载荷的方式不同，车体的承载方式可分为底架承载方式、侧壁承载方式及整体承载方式三类。

1. 底架承载方式

底架承载方式车体各项载荷的全部或大部分由底架承担。采用这种承载方式的有蒸汽机车、旧型小功率内燃机车和电力机车、没有或仅有活动侧板的各种平车、旧型敞车和车体为木结构的旧型客车等。旧型小功率内燃机车的侧墙和车顶主要起保持车体外形和遮蔽风雨的作用，不分担底架的载荷。调车内燃机车的机器罩只起保护设备的作用，不起承载作用。

2. 侧壁承载方式

侧壁承载方式车体的侧墙是在钢骨架上铺金属薄板构成的，具有足够的强度和刚度，能承受部分纵向力，这种结构在各种新型货车中应用较普遍。由于侧壁承载方式车体的侧墙能和底架共同承受载荷，因而底架各梁的断面可以减小，车体重量可比底架承载方式轻。大功率内燃机车和电力机车的车顶需大面积开孔以吊装各种设备，因而强度受到削弱，其车体也属于侧壁承载式结构。

3. 整体承载方式

整体承载方式车体的底架、侧墙和车顶构成一个整体，共同承受载荷。这种结构在现代客车、棚车和保温车中被广泛采用。整体承载结构具有很大的强度和刚度，它的侧墙和车顶能分担相当大的载荷，因而底架结构可以造得比侧壁承载结构更轻，甚至有可能在适当加强枕梁和侧梁后，取消底架中部很长一段中梁，使之成为无中梁底架结构。

 地方链接

常州地铁 1 号线车辆车体采用模块化设计，车体结构分为五大模块：底架模块、车顶模块、侧墙模块、端墙模块以及司机室模块。车体为 B 型铝合金全焊接鼓形车体，分为 Tc、Mp、M 三种车型。车体为大中空挤压铝材组焊而成的薄壁筒形整体承载结构，通过有限元分析进行车体的优化设计，实现轻量化。Tc 车重量约 6.5 t，中间车重量约 6.3 t。

 练习题

一、填空题

1. 车体的基本结构由_____、_____、_____、车顶和车头五个部分组成。

2. 车体在选材时应考虑_____、_____、_____（至少列出三点）。

3. 城市轨道交通车辆的常用车体材料有_____、_____和_____。

4. 按照车体大小，车体可分为_____、_____和_____。

5. 按照车体结构有无司机室，车体可分为_____和_____。

6. 按照车体材料，车体可分为_____、_____和_____。

7. 按照车体断面轮廓，车体可分为_____和_____。

8. 车体的承载方式有_____、_____和_____。

二、简答题

1. 车体的作用是什么？

2. 车体模块化结构是怎样的？有何优缺点？

三、查一查

1. 常州地铁 1 号线车辆的断面轮廓是什么形状？车体材料是什么？车体的承载方式是哪种？

2. 刚度、强度和硬度都是材料的力学性能（或称机械性能）指标，它们各自的概念是什么？

课题二　客　室

 课题目标

（1）了解客室内部装饰（以下简称"内装"）的设计原则。

（2）掌握客室内装结构和功能。

（3）熟悉客室车厢应急设备的放置位置和操作方法。

客室车厢是乘客乘车的区域，既要保证安全，满足功能需要，又要美观大方，色调协调、明快、柔和，并体现以人为本的设计原则，为乘客提供舒适、安全的乘车环境。

一、客室内装

地铁车辆的内装是保证乘客乘坐舒适性的一部分，它一般是指车体钢结构以内到内墙板、内顶板及地板布所包络的各部件。

1. 对客室内装的设计要求

（1）总体布局、装饰符合现代美学观点，既体现时尚，又具有前瞻性。

（2）适合乘客群体的人机工程学设计。

（3）完全协调一致的颜色和质地。

（4）具有良好的密封性，可以防水、防尘。

（5）使用不显眼的紧固件及配件。

（6）在易磨损部位采用耐久性较高的表面喷漆。

(7) 材料、安装方法、密封和地板布不受气候条件的影响。

(8) 牢固可靠，易于保养和清洁。

(9) 具有良好的防火性能，全车使用难燃或不燃的材料，按照 DIN 5510 德国防火标准进行设计。

2. 客室内装结构

客室内装以车体纵向中心线为对称中心，主要部件有铝蜂窝地板、地板布、车顶二次骨架、中顶板、送风格栅、灯带、侧顶板、侧墙板、门罩板、间壁、座椅、扶手、灭火器等，如图 2-16 所示。

图 2-16 客室内装

客室地板采用铝蜂窝结构，在安装铝蜂窝地板之前，需在地板上铺装静香阻尼隔声棉，以隔绝车下设备（如空气压缩机、转向架等）噪声的传递。地板布选用国产耐磨橡胶地板布，施胶粘接在铝蜂窝地板上；采用宽幅地板布以减少接缝。地板布应具有抗压、抗拉、耐磨、防火、防滑、隔热、吸声、减振、耐酸、耐碱、寿命长、不开裂等特性，而且要美观、易于清洁。客室周边地板布用不锈钢踢脚线压住，施以密封胶，在门区处采用防滑踏板压住地板布。地板及地板布的安装应牢固可靠，以保证在长期运营中能够具有良好的外观质量。

为减少车外噪声对客室和司机室的影响，在客室的车顶、侧墙、端墙和司机室部位均铺装了超细玻璃丝棉（隔声材料）。针对车外主要噪声源（如车顶空调、车下空气压缩机等）处的梁柱表面，铺装减振隔声垫，以进一步减少车外噪声的传递。

3. 客室内装的主要参数（距地板布上表面）

(1) 客室净空高：2 100 mm。

(2) 座椅座高：455 mm。

(3) 侧墙板厚度：132 mm。

(4) 侧顶板高度：1 830 mm。

(5) 水平扶手高度：1 850 mm。

(6) 贯通道高度：1 900 mm。

(7) 贯通道宽度：1 300 mm。

二、客室内设备

车辆客室内设有车门、车窗、座椅、挡风板、扶手栏杆、安全锤、灭火器、排水管罩等设备。

1. 客室扶手及吊环

客室扶手包括六人区挡风板扶手、轮椅区挡风板扶手和中立柱。其设计应满足乘坐舒适度和安全要求，各部件应满足防火标准。

六人区挡风板扶手位于门口两侧，上面与车顶型材连接，立面安装在立罩板上，侧面与座椅相连，两个挡风板扶手通过通长的"U"形扶手连接，上面设有吊环，以满足不同身高的人把持需要。侧窗玻璃采用钢化玻璃，贴有防爆膜，满足安全要求。

轮椅区挡风板扶手的安装，由于另外一侧装有轮椅腰靠，故仅有一侧由挡风板扶手组成，其连接方式与六人区挡风板扶手基本相同。

中立柱位于车体纵向中心线上，立柱分布在门中心和窗中心。中立柱上部与车顶型材固定，下部透过地板直接固定在钢结构上。

2. 客室座椅

国内城市的地铁车辆为保证其载客量达到最大化，客室座椅一般沿车体侧墙纵向布置。按照座椅的椅面材料不同，可以分为不锈钢面座椅和玻璃钢面座椅；按照座椅的安装方式不同，可以分为落地式座椅和悬臂式座椅。另外，作为对座椅功能的延伸，北方或者沿海城市的地铁车辆中，客室座椅下安装有电加热器。

纵向布置座椅一般为六人座椅，为一个整体结构，它主要由椅面、骨架、端面等部分组成。椅面的作用是提供舒适的乘坐界面，骨架的作用是提供安全的承载结构，端面的作用是提供美观的造型和隔断。

3. 灭火器

每个客室内一般设置有2个灭火器，安装在座椅下方或车辆端部，紧急情况下可打开固定灭火器的翻扣，取出灭火器。

4. 其他设备

现代列车的客室车厢还装有空调和应急通风系统，它主要由带电加热的冷气机、风道、电加热座椅、座椅下的电加热器、地板电加热器等组成。风口多布置在客室车顶上，吹出的风并不是很大，但强调安静、柔和、舒适，使乘客在车厢任何一个位置都能感觉凉爽舒适。

如图2-17所示，在每节车厢的两端，还安装有乘客紧急报警器。只要推开滑门（或者打破隔板），按动红色按钮，就可以直接与司机通话报告险情。

每节车厢都安装了LED显示屏（乘客信息系统），为乘客提供运行信息、紧急信息、商务广告及新闻娱乐节目等。

在每个车门顶部都安装了门区电子线路图，本车运行的具体方位通过红色和绿色的小灯显示，以防止乘客错过站点。

每节车厢都安装有烟雾传感器和火灾报警设施，可以及时发出火灾预警；每节车厢均安装有全角度的监控摄像头，在司机座位上方的显示屏上，司机在司机室里就可以直接观察到各车厢内的情况，从而全方位监控车厢内的情况。

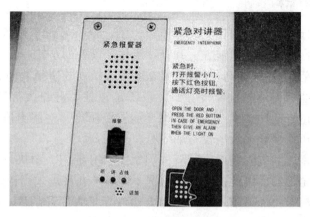

图 2-17　乘客紧急报警器

 地方链接

常州地铁 1 号线客室内设有节能型光源 LED 灯，可以根据实际照度自动调节车厢内照明的亮度；配备的电加热系统，能够进行温度传导，让乘客在寒冷的冬天也感觉到温暖；为了更好地服务乘客，车门上方的动态地图采用智能 LCD 大屏动态电子地图，除了更好地播报站点信息外，屏幕上还能显示新闻等视频信息、地铁出口信息等。

 练习题

一、简答题
1. 客室内装的设计要求是什么？
2. 列举客室车厢中的安全装置。

二、查一查
1. 简单介绍常州地铁 1 号线客室。
2. 查阅资料，初步了解 DIN 5510 德国防火标准。

课题三　司机室

 课题目标

（1）掌握司机室的结构。
（2）掌握司机室内各设备的功能。
（3）了解操纵台各按钮和开关的功能及常规状态。

一、司机室的结构

司机室在设计时融入了现代元素和审美思维,综合考虑了舒适性、安全性和可靠性。司机操纵台位于司机室前方,其设计优化了设备的布置。

座椅和控制范围设备的布置使得司机在就座或站立的情况下均能从事日常工作。所有列车司机均能获得清晰的车外视野,以满足视觉要求并执行正常的运行操作。可调司机座椅满足舒适性要求。天花板用于放置照明灯、空调出风口和通风单元的控制面板以及列车广播和无线电设备的喇叭。

司机室与客室之间的间壁上安装有向司机室打开的门,司机室内的设备设施直接影响列车的安全运行,因此,非紧急情况下乘客不允许进入司机室。

现代列车司机室更加追求司机操控的方便性和视野的开阔性。有些运行于地面线路的列车上,在司机室不设逃生门,遇紧急情况时,乘客通过客室车门逃生,这样司机室的空间更大,前风窗玻璃的面积更大,在操纵台上可更多地集成功能开关,方便司机操控。

如图2-18所示,典型的地铁列车司机室由以下几部分组成。

(1)内部设备(司机座椅)。

(2)司机两侧(边窗、司机室门、开/关客室门的按钮)。

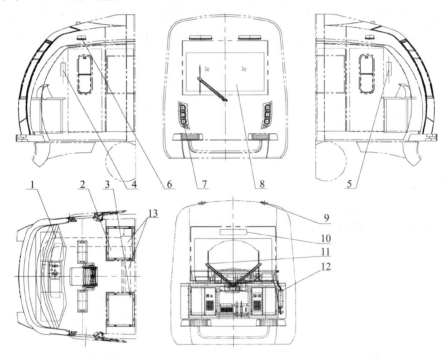

1—操纵台;2—继电器柜;3—信号柜;4—右侧屏;5—左侧屏;6—司机室灯;7—前照灯;8—电热玻璃;9—无线电台天线;10—终点站显示器;11—刮雨器;12—刮雨器水箱;13—司机室线槽。

图2-18 司机室内结构

(3)司机上部（司机室空调、内部照明、外部信息显示器、光亮度探测器）。
(4)司机后方（司机室电气柜、信号柜、司机室隔墙）。
(5)司机前方（司机操纵台、遮阳窗帘）。
(6)司机的左手边（应急逃生门、司机室灭火器）。
(7)司机操纵台下的设备（音频控制单元ACU、110 V/24 V DC/DC变换器）。
(8)外部设备［护手、司机室前窗玻璃、刮雨器、外部车头灯、无线电台天线（在司机室顶）］。

二、司机室内设备

1. 操纵台

（1）操纵台台面布置。

操纵台台面设有TMS显示器、信号系统显示器、视频监视显示屏、速度表、双针压力表、无线电台控制器、司机广播控制器、司机控制器、扳键开关、转换开关、按钮及指示灯等。

操纵台台面集中了与司机驾驶操作有关的大部分功能，如图2-19所示。

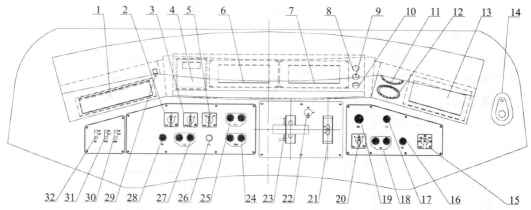

1—无线电台控制器；2—客室灯开关；3—司机室灯开关；4—PIDS司机控制单元；5—前照灯开关；6—TMS显示器；7—信号系统显示器；8—TMS正常指示灯；9—制动缓解指示灯；10—门全关闭指示灯；11—双针压力表；12—速度表；13—视频监视显示屏；14—水箱注水口；15—信号模式开关1；16—关右门按钮；17—降弓按钮；18—开右门按钮；19—紧急制动按钮；20—门选开关；21—方向手柄；22—钥匙开关；23—主控手柄；24—ATO发车按钮；25—折返按钮；26—鸣笛按钮；27—开左门按钮；28—关左门按钮；29—PIDS手持话筒；30—空压机启动开关；31—SIV启动开关；32—电制动开关。

图2-19 操纵台台面布置

操纵台柜体部分也安装了部分转换开关、按钮开关等，如图2-20所示。

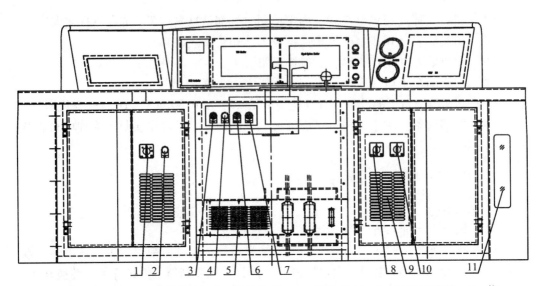

1—刮雨器开关；2—喷淋按钮；3—升弓按钮；4—复位按钮；5—司机室脚炉；6—停放制动施加/缓解按钮；7—强迫缓解按钮；8—司机室电暖器开关；9—司机室电暖器；10—司机室脚炉开关；11—水箱水标观测窗。

图2-20　操纵台柜体外部布置

(2) 操纵台台下箱柜电器布置。

操纵台台下箱柜电器设备：左侧柜设有广播系统服务器、视频监视系统服务器、无线缓冲器等；中间柜设有司机室脚炉和连接器；右侧柜设有无线电语音台主机、无线电数据台主机、PWM信号发生器、HUB（牵引系统用）及接线端子排等。具体布置简图如图2-21所示。

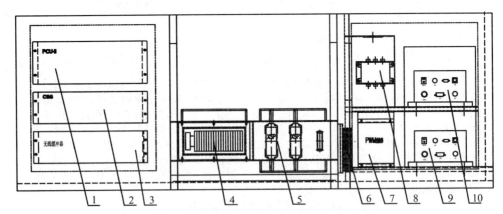

1—广播系统服务器；2—视频监视系统服务器；3—无线缓冲器；4—司机室脚炉；5—连接器；6—端子排；7—PWM信号发生器；8—HUB；9—无线电数据台主机；10—无线电语音台主机。

图2-21　操纵台台下箱柜电器布置

(3) 操纵台设备功能简述。

操纵台设备功能简述如表2-2所示。

表 2-2 操纵台设备功能

序号	名称	功　　能
1	电台主机控制盒	司机与 OCC 之间通信的操作终端
2	司机控制单元（PIDS）	司机进行广播、紧急对讲、广播设置的控制器
3	DDU（TMS 显示器）	列车监控系统信息显示和触摸控制
4	TOD（信号系统显示器）	列车信号系统信息显示和触摸控制
5	TMS 正常指示灯	灯亮（绿色）表明 TMS 正常
6	制动缓解指示灯	灯亮（绿色）表明所有列车制动缓解
7	门全关闭指示灯	灯亮（绿色）表明车门全部关闭到位
8	双针压力表	指示制动用主风缸和制动风缸压力
9	速度表	指示列车速度
10	LCD（视频监视）显示屏	显示视频监视画面，并可进行显示画面的设置
11	无线缓冲器	地面 PIS 系统与 PIDS 系统接口设备
12	广播系统控制器	广播系统控制主机
13	视频监视系统服务器	视频监视系统控制主机
14	（司机室）脚炉	冬天为司机脚和腿部供暖
15	连接器	操纵台对外接线
16	PWM 信号发生器	将司控器电位器发出的牵引和制动级位信号转换为 PWM 波
17	无线电台主机（数据台）	车载无线电台数字主机
18	无线电台主机（语音台）	车载无线电台语音主机
19	HUB	TMS 显示器与 CCU 主机间的通信连接设备
20	司控器	激活司机室、列车行进方向设置、牵引/制动操作
21	刮雨器开关	刮雨器工作模式转换
22	喷淋按钮	刮雨器喷水控制
23	司机室电暖器开关	司机室电暖器开关控制
24	司机室脚炉开关	司机室脚炉开关控制
25	升弓按钮	升弓控制
26	停放制动施加/缓解按钮	停放制动施加/缓解控制

续表

序号	名称	功能
27	强迫缓解按钮	制动无法缓解时，强迫缓解制动力
28	复位按钮	SIV 和 VVVF 故障复位操作；上电后，点动复位按钮，VVVF 的 HB 投入
29	电制动扳键开关	启动电制动
30	SIV 启动扳键开关	启动 SIV
31	空压机启动扳键开关	空压机自动启动或强泵风控制
32	客室灯开关	客室灯控制
33	司机室灯开关	司机室灯控制
34	前照灯开关	前照灯强光、弱光控制
35	开左门按钮	开启列车客室左侧（行进方向）车门
36	关左门按钮	关闭列车客室左侧（行进方向）车门
37	鸣笛按钮	列车鸣笛控制
38	ATO 发车按钮	启动 ATO 模式
39	自动折返按钮	启动自动折返
40	紧急制动按钮	实施紧急制动
41	门选开关	列车停稳后根据站台位置选择要打开的客室门
42	降弓按钮	降弓控制
43	开右门按钮	开启列车客室右侧（行进方向）车门
44	关右门按钮	关闭列车客室右侧（行进方向）车门
45	信号模式开关 1	选择列车运行模式
46	端子排组件	操纵台对外接线

2. 继电器柜

继电器柜设在司机室后部的右侧，负责 TMS、列车启/停控制、列车牵引/制动控制、列车门控制及列车直流配电等。在结构上，继电器柜属于框架式结构。正面从上到下依次为断路器组件、开关组件、继电器组件、RIO-1、RIO-2、IF-UT、CCU；背面从上到下依次为继电器、端子排、车载无线机柜。继电器柜设备布置如图 2-22 所示。

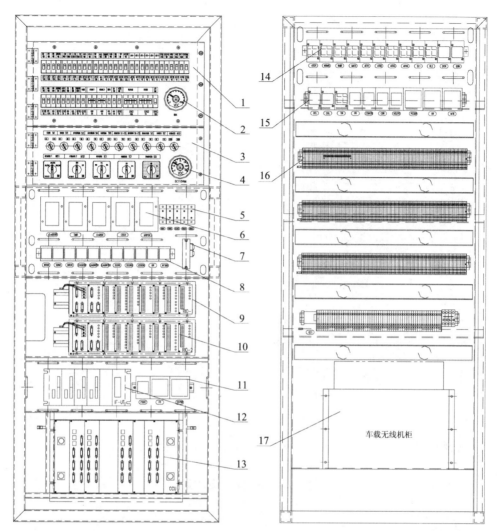

1—断路器组件；2—网压表；3—开关组件；4—DC 110 V 电压表；5—CR 型浪涌吸收器；6—RL 1081 W 继电器；7—R-UT；8—继电器组件；9—RIO-1；10—RIO-2；11—继电器组件；12—IF-UT；13—CCU；14—继电器组件；15—继电器组件；16—端子排组件；17—车载无线机柜。

图 2-22 继电器柜设备布置

3. 信号柜

信号柜设在司机室后部的左侧，信号柜负责列车自动防护及自动驾驶等。在结构上，信号柜属于框架式结构，安装了 CC 机柜。信号柜设备布置如图 2-23 所示。

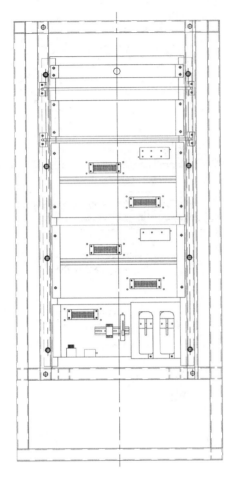 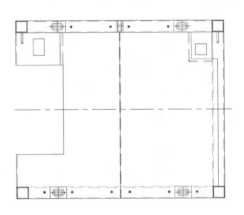

图 2-23 信号柜设备布置

4. 左/右侧屏

（1）左侧屏。

左侧屏布置于司机室内左侧墙上，上面有开左门按钮（2 个）和关左门按钮。左侧屏如图 2-24 所示。左侧屏器件功能简述如表 2-3 所示。

表 2-3 左侧屏器件功能

序号	名称	功能
1	开左门按钮	串联按钮，司机手动发出开左门指令
2	关左门按钮	司机手动发出关左门指令

（2）右侧屏。

右侧屏布置于司机室内右侧墙上，上面有开右门按钮（2 个）和关右门按钮。右侧屏如图 2-25 所示。右侧屏器件功能简述如表 2-4 所示。

表 2-4　右侧屏器件功能

序号	名称	功能
1	开右门按钮	串联按钮，司机手动发出开右门指令
2	关右门按钮	司机手动发出关右门指令

图 2-24　左侧屏

图 2-25　右侧屏

地方链接

常州地铁 1 号线车辆司机室内装主要包括面罩、裙板、内墙板、内顶板、地板、侧门扶手、内外部照明、刮雨器、遮阳帘、前挡风玻璃等。

练习题

一、填空题

1. 司机室在设计时融入了现代元素和_____，综合考虑了_____、安全性和_____。司机操纵台位于司机室前方，其设计优化了设备的布置。

2. 司机室与客室之间的_____上安装有向司机室打开的门，司机室内的设备设施直接影响列车的_____，因此，_____乘客不允许进入司机室。

3. 现代列车司机室更加追求_____的方便性和视野的开阔性，有些运行于地面线路的列车上，在_____不设逃生门，遇紧急情况时，乘客通过_____逃生。

4. 信号柜设在司机室后部的左侧，信号柜负责列车_____及_____等。

5. 操纵台双针压力表，指示制动用_____和_____压力。

二、简答题

1. 典型的地铁列车司机室由哪几个部分组成？
2. 司机室操纵台台面布置有哪些设备设施？

三、查一查

2018年3月31日上海首条胶轮路轨全自动无人驾驶APM线（旅客自动运输系统）浦江线开通试运营，列车头部如图2-26所示。浦江线主导"乘客自助服务"的理念。请查询一下，它可以提供哪些乘客自助服务？

图2-26 浦江线列车头部

课题四 车体认知实训

一、实训目标

（1）熟悉城市轨道交通车辆的车体结构。
（2）能识别司机室的主要设备。
（3）能识别客室的主要设备。
（4）学会利用相关专业书籍、网络等途径查询实训车体的主要技术参数。

二、实训设备和工具

城市轨道交通车辆一辆及车辆实训设备。

三、实训过程

（1）分组实践，分组考核。
（2）独立完成实训考核，填写相关表格。

单元三

车　门

客室车门是列车上的关键设备之一，也是列车上故障率最高的系统，车门故障占列车总故障的50%以上（图3-1）。较高的故障率直接影响列车的运行维护及正线列车运营质量。正线运营车辆车门一旦发生故障，将直接影响列车运行，造成运营延误，严重时会造成难以预料的事故，威胁乘客的生命安全。因此，站务人员既要懂得如何正确操作设备，又要保证车门发生故障时能迅速准确地排除故障，保证列车的正常运营和乘客的安全。

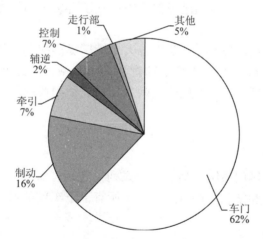

图3-1　列车各大系统故障导致晚点（5 min）的比例

请查询一下，常州地铁1号线电客车司机室设置紧急疏散门了吗？如果有，它是何种结构形式？如果没有，列车被迫停在隧道区间时如何疏散乘客？

课题一 车门分类

课题目标

(1) 掌握按不同功能分类时车门的类型。
(2) 掌握按不同驱动方式分类时车门的类型。
(3) 能指认列车上不同类型的车门。

城市轨道交通车辆门系统是乘客及司机上下车的通道，是车辆车体的一个组成部分，它不仅与客车的动力性、经济性、综合性能密切相关，而且对协调客车的整体造型起着重要的作用。门系统的外形设计、开合方式以及加工制造与控制方式都影响着客车的外观与动感，而且直接影响城市轨道交通车辆的安全运营状况。因此，车辆门系统的重要地位是其他任何部件都不能取代的。

目前，国外知名的车辆门系统厂家包括德国 BODE、奥地利 IFE、日本 Nabco、法国 Faiveley 等。随着我国铁路客运的不断发展，世界各国的车辆门系统纷纷涌入我国，这些门系统生产公司有的已经在我国成立了合资公司，参与到国内的市场竞争中。

我国掌握车辆门系统技术，并能为各大车辆厂提供配套及技术支持的厂家主要有南京康尼、北京博得、上海法维莱和青岛的 IFE-威奥。这些厂家正逐渐走出国门，成为国际著名车辆生产企业如法国阿尔斯通、德国西门子、加拿大庞巴迪等公司的车门供应商。

一、按功能分类

城市轨道交通车辆门系统（地铁车门系列）包括客室侧门、司机室侧门、司机室后端门、客室端门和紧急疏散门，包含了所有上下车辆的通道。各类车门的位置如图 3-2 所示。

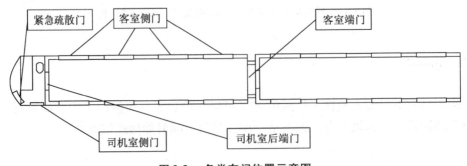

图 3-2　各类车门位置示意图

客室侧门是乘客上下列车的通道。我国设计生产的列车一般在每节车厢两侧对称布置4对或5对车门，多为电动车门。地铁列车运营时超员情况严重，因此其客室侧门的安全性和可靠性设计就显得尤为重要。

司机室侧门多采用一扇单页的内藏式手动移动门，分别设置在司机室两侧墙上。司机室侧门多采用手动控制，以供乘务人员上下车。

司机室后端门是在司机室后端墙中间设置的一个与客室相通的通道门。司机可以由后端门进入客室车厢，并通过客室车厢、后端门进入另一端司机室。在客室一侧设置了紧急开门装置，正常情况下不允许乘客开启，当乘客发现危险性事故等特殊情况时，可以起用紧急拉手，开启后端门。

客室端门设置在两节车厢之间的贯通道位置，也称为列车贯通门，它们将列车按编组分成若干个独立空间。现代地铁列车基于列车容量、乘客在各车厢的均匀分布、突发事件疏散等因素的考虑，已经取消了客室端门。

紧急疏散门设置在带司机室车厢的前端墙上，如图3-3所示。列车在隧道内运行时一旦发生火灾等危险事故，司机可打开紧急疏散门，引导乘客通过紧急疏散门走向路基中央，然后向最近的车站疏散。

图 3-3　列车紧急疏散门

二、按驱动方式分类

按照驱动系统的动力来源不同，可将车门分为电动车门、气动车门和手动车门。

气动车门的动力来源是驱动气缸。电动车门的动力来源是直流电动机或交流电动机。与气动车门相比，电动车门具有结构简单、易于控制、故障率低、维修工作量少等特点，正越来越多地被应用到地铁列车系统中。

手动车门也称为机械式车门，它不需要任何驱动装置，必须手动操作车门，为了应对断电等突发事件，列车紧急疏散门即为手动车门。

 练习题

一、填空题

1. 按不同驱动方式来分，车门可分为 _____、_____ 和

_____三种，列车的紧急疏散门为_____。

2. 目前，国外知名的车辆门系统厂家包括_____BODE、_____IFE、_____Nabco、_____Faiveley 等。

3. 我国车辆门系统厂家主要有南京康尼、北京博得、上海法维莱和青岛的 IFE-威奥。这些厂家正逐渐走出国门，成为国际著名车辆生产企业如法国_____、德国_____、加拿大_____等公司的车门供应商。

二、简答题

简述城市轨道交通列车门的类型及功能。

三、查一查

南京康尼机电股份有限公司是一家在上海证券交易所上市的公司，查一查该公司的主营业务。

课题二　客室车门

 课题目标

(1) 能判断客室车门的类型。
(2) 能指认客室车门的结构。
(3) 掌握客室车门的控制原理。
(4) 能在正常情况下及故障情况下控制客室车门。

一、客室车门的作用及设计要求

城市轨道交通车辆的客室车门均匀地分布在列车车体两侧，便于乘客上下列车。根据城市轨道交通自身的特点，客室车门的设计应满足以下要求：

(1) 有足够的有效宽度，能保证乘客无障碍通行。
(2) 车门要均匀分布，以方便乘客上下车，使乘客在车厢内能均匀分布。
(3) 有足够数量的车门，以使乘客上下车时间满足地铁列车运行密度的要求。
(4) 车门附近有足够的空间，避免上下车乘客发生冲突，方便乘客上下车时周转。
(5) 设置自动开关，节省设备操作时间，减少人力劳动。
(6) 设置应急开关和防夹人功能，以确保乘客安全。
(7) 具有较高的可靠性，保证系统正常运行。
(8) 美观、简洁，符合现代人的审美观。

二、客室车门的类型

按照开关门时车门的运动轨迹以及车体的安装方式不同，客室车门可分为内藏嵌入式车门、外挂式车门和塞拉门。

1. 内藏嵌入式车门

内藏嵌入式车门简称内藏门，车门开关时，门页在车辆侧墙的外墙板与内饰板之间的夹层内移动，如图3-4所示。内藏嵌入式车门是地铁和轻轨列车普遍采用的一种车门系统，其具有如下优点：

（1）结构简单、可靠，占用车辆的空间小。

（2）对车辆与站台之间的距离要求低，有利于降低车站建设成本。

（3）平移的动作轨迹具有较高的抗乘客挤压能力。

（4）维护成本相对较低。

图3-4　内藏嵌入式车门

2. 外挂式车门

外挂式车门因其门页和上、下导轨均设置在轨道车辆的车体外侧，门页通过移动机构挂在外部上导轨上而得名。外挂密闭电动门系统如图3-5所示，它是在传统外挂移门系统的基础上，增加了微小的塞拉行程，使得该门系统既具有塞拉门良好的密封性能，同时又保持了外挂移门结构简单、重量轻、易安装调整的特点，是传统外挂移门系统的升级和替代产品。外挂式车门具有如下优点：

（1）结构简洁、可靠，占用车辆的空间小。

（2）密封性能好，极大地提高了乘客的舒适度。

（3）能最大限度地保证在乘客拥挤状态下实现正常开、关门功能。

3. 塞拉门

塞拉门如图3-6所示，车门关闭时，车门外表面与车体外表面平齐，在开门过程中，车门门页沿车体运行方向和车外方向复合运动，在运动过程中具有塞和拉两种动作，呈塞拉状态。塞拉门开启时，由锁闭位置向车外方向摆出，使之打开；塞拉门关闭时，由开门位置向车内方向塞拉，使之关闭。

图3-5　外挂密闭电动门系统

铁路客车的塞拉门分为内塞拉门和外塞拉门两种，分别由车内或车外塞入门口处。日本采用内塞拉门，欧美一些国家大多采用外塞拉门。我国目前采用的是外塞拉门。电动塞拉门是地铁和轻轨列车普遍采用的一种车门系统，该系统较复杂。与传统的内藏式车门和外挂式车门相比较，该系统具有如下优点：

（1）密封性能良好，对噪声有较好的屏蔽作用，同时可降低客室空调的能耗。

（2）由于车门在关闭状态时，门页外表面与车体侧墙在同一平面内，有利于列车高速运行时减小空气阻力。

（3）可靠性高，控制智能化。

（4）列车外观平滑，整体和谐美观。

图 3-6　塞拉门

各种类型车门的性能比较见表 3-1。

表 3-1　各种类型车门的性能比较

序号	项目	外挂式车门	内藏嵌入式车门	塞拉门
1	气密性	密封比较简单，车门的密封部件直接暴露于气流中，且车门与车体的密封只有一对密封条	密封性能较外挂式车门好：（1）车门不直接暴露于气流中；（2）从车体外到车厢内部有两组密封条，气流不容易进入客室	气密性好，但是容易过压
2	关门时间	关门时间较短，实际关门时间主要依赖于车门的净开度，通常≥2.5 s	关门时间较短，实际关门时间主要依赖于车门的净开度，通常≥2.5 s	关门时间由关和塞两个动作的时间组成，因此，比移动门的关门时间长 1 s
3	外观	车门位于车体侧墙外侧	门页藏于车体侧墙的外墙与内护板之间的夹层内	当门完全关好后与车体外墙成一平面
4	车辆限界及对限界的影响	由于车门悬挂于侧墙的外侧，为满足车辆限界要求，在一定程度上减少了车体的宽度，但车门之间的有效空间最大	由于车门藏于侧墙内，在一定程度上减少了车辆内部的宽度，同时也会减少载客量	车辆内部宽度最大，但是由于塞拉门有立柱，因此乘客站立面积没有安装外挂式车门的车辆大

续表

序号	项目	外挂式车门	内藏嵌入式车门	塞拉门
5	维修	结构简单,维修工作量和维修时间较少,可以快速更换门页,而且可以从外部维修	结构简单,维修工作量和维修时间较少,门页更换较外挂式车门复杂,可以从内部对车门进行维修和调整	结构复杂,维修量较大,维修时间长,可以从内部对车门进行维修和调整
6	隔噪能力	隔噪效果主要取决于门页与车体的接口面	隔噪效果较外挂式车门好	密封性好,具有较好的隔噪效果
7	关门过程中可能出现的问题	由于关门过程为直线运动,且关门时间较短,因此关门受阻的可能性较小	由于关门过程为直线运动,且关门时间较短,因此关门受阻的可能性较小	由于内部容易过压,最后一个门在关门的时候可能较难关上。门在塞的过程中可能由于乘客堵在车门口,而使关闭方向受阻,尤其是在大客流的情况下
8	开门过程中可能出现的问题	开门时,车门可能会碰到站台上靠近列车的乘客,从而进入障碍物探测状态。如果在站台上安装屏蔽门,则不会出现这种问题	如果门槛中有异物,则开门过程可能受阻	开门时,车门可能会碰到站台上靠近列车的乘客,从而进入障碍物探测状态。如果在站台上安装屏蔽门,则不会出现这种问题
9	可靠性	部件少,可靠性高	部件少,可靠性高	部件数量多,而且机构的运动较复杂,故可靠性较低
10	质量	较塞拉门轻	较塞拉门轻	较重(加上车体接口等),每扇门比前两种重约 40~50 kg
11	窗	与客室窗无干涉,窗户的宽度可达到最大	由于内藏嵌入式车门需要在侧墙内滑动,因此,客室窗的宽度受到了影响	与客室窗无干涉,窗户的宽度可达到最大
12	费用	较塞拉门低很多,和内藏嵌入式车门差不多	较塞拉门低很多,和外挂式车门差不多	造价较外挂式门和内藏嵌入式车门高很多
13	操作环境	适用于大客流量环境,不适用于高速车辆	适用于大客流量环境,不适用于高速车辆	不适用于大客流量环境,适用于高速车辆(120~140 km/h)

三、客室车门的编号

为便于识别、车门定位、检修、客室车厢设备定位及乘客遗落物品的找寻，城市轨道交通车辆的每个客室侧门均有各自的编号，虽然不同地铁线路车辆的车门编号具有差异性，但均按照相应的车门编号规则。

1. 车门编号的规则

门页的编号为自1位端到2位端，沿着每辆车的左侧是由小到大的连续奇数，右侧是由小到大的连续偶数。车门的编号则由该车门两个门页的号码合并而成，即自1位端到2位端，左侧车门的编号由两门页的连续奇数组成，右侧车门的编号由两门页的连续偶数组成。如图3-7所示为一组列车的车门编号。

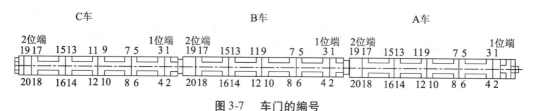

图3-7　车门的编号

2. 确认客室车门编号的方法

当车门出现故障需要站务人员协助司机处理时，首先必须准确找到并确认故障门的位置。

登上列车前（车外），在滑动门右侧立柱上方贴有车门、安全门编号，或者通过车身外部印刷的编号来确认。

登上列车后（车内），乘客报警器下方印有车厢编号和车门编号，每个门旁扶手上方印有车门编号。车厢内连接处印有车厢编号。

四、客室车门的组成

对于不同类型的车门，其组成略有不同，但都包括车门悬挂及导向机构、车门驱动装置、左门页、右门页、安全装置、车门密封装置等机械部件，以及电子门控单元、电气连接、负责监测的各类行程开关、指示灯等电气或气动部件。现以电动塞拉门为例介绍车门结构，如图3-8所示。

1. 车门悬挂导向装置

车门悬挂导向装置主要由横向导柱、纵向导柱及携门架组成，导向装置由上滑道和下滑道组成。具体结构组成如图3-9所示。

纵向导柱通过整个门机构的一个机架安装在车体结构上。该导柱承受门页的所有重量并保证在开门和关门过程中门页与车体平行。

携门架通过滚珠直线轴承在长导柱上滑动。它将力从机构传送到门页，并且也把力从门页传送到机构。携门架通过螺钉牢牢地安装在门页上。所以携门架将门页的所有重量和动力传送给纵向导柱。

单元三 车门

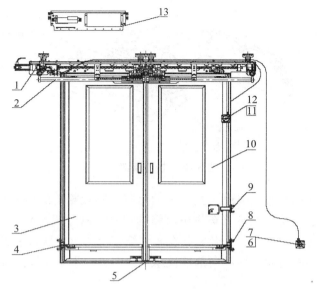

1—顶吊架+侧吊架；2—承载驱动机构；3—左门页；4—摆臂组件；5—嵌块；6—外操作装置；7—外操作钢丝绳组件；8—摆臂组件（右）；9—隔离开关组件；10—右门页；11—内操作装置；12—内操作钢丝绳组件；13—门控单元 EDCU。

图 3-8　电动塞拉门结构图

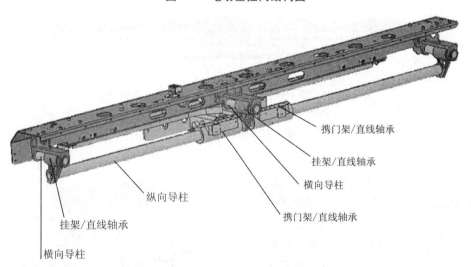

图 3-9　车门悬挂导向装置

在携门架与门板连接处，提供了一个偏心调节装置（图 3-10 中偏心轮 1），该装置用来调节门页的"V"形。在携门架内部，还提供了一个偏心调节装置（图 3-10 中偏心轮 2），该装置用来调节门页与车体之间的平行度。

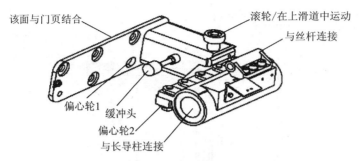

图 3-10 携门架部件

车门的运动导向是通过滑道（呈一定的形状，实现相关的横向和纵向运动）使门页沿设定的轨迹运动。上滑道安装在顶部机构上，携门架上有一个滚轮在滑道里滚动。下滑道安装在门页上，一个安装在车体结构上的滚轮摆臂装置与该滑道啮合，以提供所要求的导向运动。该导向部件仅承受横向力，不承受纵向或垂向力。

2. 驱动装置

车门的运动由一个带减速器的电动机驱动丝杆（对于双页门，丝杆一半是右旋的，一半是左旋的）来实现。螺母与门页相连，门页通过携门架实现运动。具体结构及位置如图 3-11 所示。

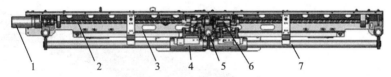

1—电动机；2—丝杆；3—上导轨；4—携门架组件；
5—传动螺母；6—横向导柱；7—纵向导柱。

图 3-11 承载驱动结构

3. 锁闭装置

门系统的锁闭原理是制动器允许电动机双向自由旋转，而限制丝杆向开门方向旋转。如图 3-12 所示，电动机安装在制动器的主动轴端，丝杆安装在制动器的从动轴端。门系统正常工作时，电动机带动丝杆双向自由旋转，实现门系统的自动开关。制动器还设置了一个解锁支架，在断电或紧急情况下，操作该解锁支架可解除制动器对丝杆的单向限定作用，可手动开门。

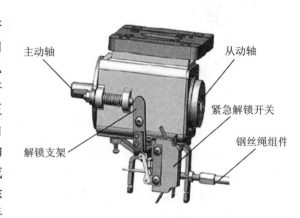

图 3-12 全程锁闭装置

4. 内部紧急解锁装置

为了能够在紧急情况下解锁并打开门，在内侧墙上装有一个手柄（图 3-13）。

操作该手柄，将会启动紧急解锁开关，并发出"紧急操作"信号。通过牵拉绳索，门锁被释放。如果此时车辆门释放列车线有效，可以手动开门；如果车辆门释放列车线无效，电动机将在关门方向上施加一个力，以阻止门被打开，紧急手柄可复位。在紧急手柄复位后，门的开关回到正常操作状态。内部紧急解锁装置结构如图3-14所示。

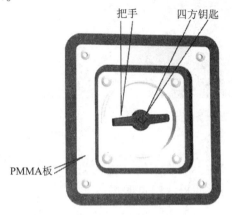

图3-13 内部紧急解锁手柄

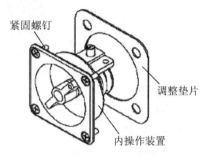

图3-14 内部紧急解锁装置

5. 外部紧急解锁装置

从外侧看，每节车厢每侧面各设置1个紧急解锁装置，用四方钥匙（7 mm×7 mm）操作（图3-15）。该装置被激活，其作用与内部紧急解锁装置所描述的功能相同。外部紧急解锁装置结构如图3-16所示。

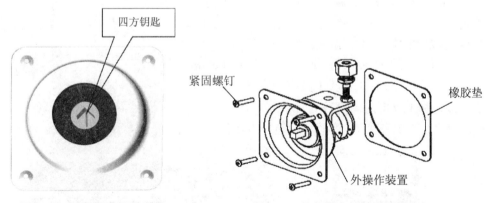

图3-15 外部紧急解锁装置　　图3-16 外部紧急解锁装置结构

6. 退出服务装置

在车门的右侧门柱上（从内往外看）装有一个隔离锁装置，以实现门的机械隔离（图3-17）。在门出现故障而不能进行正常服务时，可以手动将门移至关闭且锁紧的位置并隔离门。

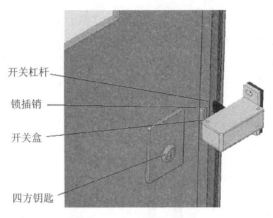

图 3-17　退出服务装置

7. 平衡轮装置

每页门板上部的后沿，与一个安装在门柱上的平衡轮装置在关门位置上啮合，以防止由于任何可能的垂直向上的力使门页偏移。

8. 门页装置

门页装置为铝蜂窝复合结构，具有铝框架、铝面板和铝蜂窝芯，采用热固化。为加强机械强度，铝面板的周边都包在铝框架上。

除了一些必要的、用于支撑门页和实现门页导向运动的部件外，门页内表面是平的。窗玻璃黏接到门页上并与门页的外表面平齐。门页周边装有胶条，以使门的周边密封。门页前沿装有一个特殊的中空胶条，以防夹住障碍物。胶条的烟火特性符合 DIN 5510-3 标准。在门页的前沿，装有一个附加挡销，该挡销与门槛上的嵌块啮合，使关着的门满足挠度要求。门页结构如图 3-18 所示。

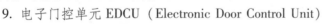

图 3-18　门页结构

9. 电子门控单元 EDCU（Electronic Door Control Unit）

电子门控单元 EDCU 包括门系统操作指示单元、门机控制器、电源模块、接线端子及连接线束等（图 3-19、图 3-20）。为了满足需要，EDCU 还有一个 RS232 接口，用于实现 PC 到 EDCU 的局部连接。

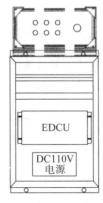　　　　

图 3-19　控制系统电气元件安装　　　　图 3-20　电子门控单元

五、客室车门的技术参数

根据《地铁设计规范》（GB/T 50157—2013）的设计标准，我国城市轨道交通车辆客室车门的主要技术参数如表 3-2 所示。

表 3-2 客室车门的主要技术参数

项 目	参 数
有效开度	（1 300 ±4）mm
净开高度	（1 800 ±10）mm
驱动装置	电动机或气动驱动装置
传动机构	传动带或丝杆传动
门控装置的工作电压	DC 110 V（77 ~ 121 V）
开、关门时间	3 ~ 5 s（可调）
车门关紧力	≤150 N（每个门页）
车门隔声量	≥21 dB（A）
环境温度	−20 ℃ ~ +70 ℃
环境湿度	90%

六、客室车门的控制

1. 车门的工作原理

当门完全关闭时，门页与车辆的外表面平齐。开门时，门页一开始就进行横向和纵向的复合运动，然后沿着车体侧面滑动直到完全打开的位置。塞拉门系统的工作原理如图 3-21 所示。门的运动由电子门控制器控制，电动机驱动通过锁闭装置与丝杠螺母副连接；丝杠上的螺母通过铰链与携门架相连，携门架与门页相连；携门架在纵向长导柱上滑动。长导柱上有 3 个挂架，每端各一个，中间一个，3 个挂架在短导柱上运动。

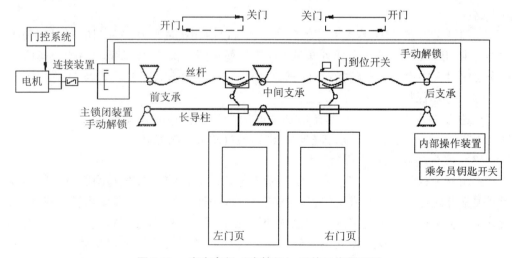

图 3-21 客室车门（塞拉门）开关工作原理图

2. 车门的电气控制原理

电子门控单元 EDCU 是车辆电气和车门机械操纵机构之间的接口，电子门控单元对车门的控制由可编程序控制器实现，车门的电气控制原理如图 3-22 所示。当有零速信号且有开门使能信号时，EDCU 接收到开门指令后将控制车门电动机朝开门方向动作，并将车门的相关状态传送给列车控制及诊断系统。关门是一个相反的过程。车门具有零速保护和安全联锁电路，开关门有报警装置、障碍物监测等安全保护措施。

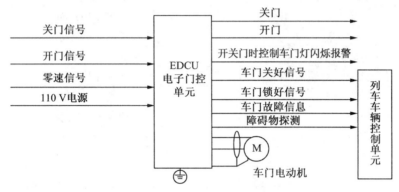

图 3-22 车门电气控制原理图

(1) 开关门。

整个车门系统的运动是由电子门控单元来控制车门电动机驱动。电动机通过传动系统驱动丝杆和螺母运动（丝杠旋转，螺母沿直线运动），丝杆上的螺母通过铰链与门页相连，驱动门页开关。

通常开关门是通过开关门按钮来实现的。开关门按钮安装在司机室内，每侧设一套。当司机用主控钥匙启动驾驶台时，开关得电。当所有车门被关闭和锁闭时，关门按钮灯亮。如果有任何门保持在打开状态，所有关门按钮都不会亮，为司机提供了车门的状态指示。司机可以通过每侧的开关门按钮来操纵车门，每侧都有单独的电路。

车门既可以在 ATO 模式下自动打开，也可以由司机进行开关。门的开启和关闭状态是由门释放列车线（零速列车线）、开门列车线、关门列车线决定的，在门的整个关闭过程中内外侧车门指示灯闪烁。信号与车门状态对应关系如表 3-3 所示。

(2) 零速保护。

车速为"0"时，车门控制器得到零速信号后开门功能才能起作用。当列车速度大于零，车门仍然处于开启状态时，将启动自动关门功能。

(3) 安全联锁电路（安全回路）。

锁闭开关检测到车门完全关闭后其常开触点闭合，同一节车同侧所有车门的锁闭开关常开触点串联，形成关门安全联锁电路。一列车关门安全联锁电路形成环路，所有车门都关好后，司机室内"门已锁闭"指示灯亮，列车方可启动。列车左右侧安全联锁电路完全隔离，无共用元件。由于车门的状态关系到乘客及运营安全，为确保列车运行过程中车门正确锁闭，只要检测到某个车门没有正确锁闭，列车将无法启动；在运行过程中，如果有乘客将紧急解锁手柄拉下，安全回路断开，列车将触发紧急制动并停车。

表 3-3 信号与车门状态对应关系

门释放列车线	开门列车线	关门列车线	门的状态
0	0/1	0/1	关
1	0	0	保持
1	0	1	关
1	1	1	关
1	1	0	开

（4）障碍物监测功能。

在开门过程中有障碍物检测功能，障碍物检测功能可被激活 3 次。开门时若有障碍物，会使开门循环停止 1 s，在 3 次开门动作之后门将会停在此位置，并且电子门控单元 EDCU 会认为此位置是最大开门位置，此时任何关门指令都可将门关闭。

在关门过程中受到障碍物的阻挡时（图 3-23），EDCU 采用预先给其设定的最大控制关门力（150～300 N，可调）。当门自动打开 200 mm（打开宽度可调）之前，该关门力持续时间为 0.5 s，再经过 1 s 后，将重新启动关门动作。若连续关闭 3

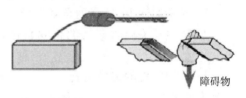

图 3-23 障碍物检测（关门）

次，激活关门的障碍物检测流程，那么门会自动完全打开。之后，门将根据新的关门指令进入关门流程。障碍物检测的次数（1～5 次）、门的开度、障碍物检测期间的停顿时间可自行调节。任何关门、开门指令都可使门重新启动。

检测到关门方向上有障碍物后，门自动打开的功能仅在满足下列条件时方可执行：没有操作机械隔离装置，没有操作紧急解锁装置，且"门释放列车线"有效。

（5）门隔离。

司机可用方头钥匙对门进行隔离。使用方头钥匙将会使门处于关闭和锁紧位置。操作方头钥匙将触动隔离开关并将门机械锁紧。隔离开关的 NC 触点向电子门控单元 EDCU 发出一个信号。隔离开关的 NO 触点优先于安全互锁回路。此时已不可能操作被隔离门上的紧急解锁装置，因为门已被机械锁住。

 地方链接

常州地铁 1 号线瑞克之星塞拉门的门系统的组成部分主要包括：门吊装置、隔离装置、电子门控单元（EDCU）、驱动单元、手动解锁装置、门页和下导轨等，如图 3-24 所示。

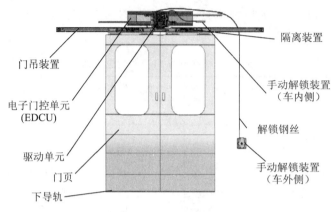

图 3-24　门系统构成

一、填空题

1. 北京地铁 14 号线列车（A 型车）每节车辆有_____对车门。
2. 按照开关门时车门的运动轨迹以及车体的安装方式不同，客室车门可分为_____、_____和_____三种，隔声效果最好的是_____。
3. 车门门页的编号为自_____位端到_____位端，沿着每辆车的左侧是由小到大的连续_____，右侧是由小到大的连续_____。
4. 城市轨道交通车辆客室车门是一种机电一体化设备，包括_____和_____两部分。
5. 车门悬挂导向装置主要由_____导柱、_____导柱及携门架组成，导向装置由_____滑道和_____滑道组成。
6. 在携门架与门页连接处，提供了一个_____调节装置（图 3-10 中偏心轮_____），该装置用来调节门页的"_____"形。在携门架内部，还提供了一个偏心调节装置（图 3-10 中偏心轮_____），该装置用来调节门页与车体之间的_____。
7. 车门的运动由一个带减速器的电动机驱动_____（对于双页门，丝杆一半是_____的，一半是_____的）来实现。螺母与_____相连，门页通过_____实现运动。
8. 电子门控单元 EDCU 包括门系统_____、_____、电源模块、_____及连接线束等。
9. 车门既可以在_____自动打开，也可以由_____进行开关。
10. 司机可用_____对门进行隔离，操作方头钥匙将触动_____并将门机械锁紧，隔离开关的 NC 触点向电子门控单元 EDCU 发出一个_____。

二、简答题

1. 城市轨道交通车辆车门应符合哪些设计要求？

2. 客室塞拉车门的优缺点有哪些？
3. 简述客室塞拉车门的工作原理。
4. 简述客室塞拉车门的电气控制原理。

三、查一查

常州地铁 1 号线车辆的客室车门是哪种类型的车门？

课题三　列车上的其他门

课题目标

（1）掌握紧急疏散门的结构及控制方式。
（2）掌握司机室侧门的结构及控制方式。
（3）掌握司机室后端门的功能及控制方式。

一、紧急疏散门

紧急疏散门也称为逃生门，是安装在地铁或城轨列车上的一种逃生装备。在发生紧急或意外情况时，逃生门展开能形成一个人员撤离通道。逃生门一般设置在车辆头部，每列地铁列车设置两套逃生门。《地铁设计规范》（GB/T 50157—2013）明确规定，在未设安全通道的线路上运行的列车两端应设紧急疏散门。

为便于快速疏散乘客，逃生门应具备以下特点：操作简单、结构空间小、足够的载荷强度、使用寿命长、疏散能力强、防锈、防腐蚀和防火等。

1. 逃生门的类型

目前国内运营的地铁车辆上的紧急疏散门有多种形式，归纳起来主要有两种结构形式：坡道式和踏梯式。其中，坡道式又分为两种结构形式：结合式和分开式。各种形式的地铁车辆紧急疏散门对比见表3-4。

表3-4　各种形式的地铁车辆紧急疏散门对比

形式		结构特点		应用举例
		优点	缺点	
坡道式	结合式	操作步骤少，操作时间短，疏散能力强	不带玻璃视窗，司机室视野较差；结构较复杂，质量较大，成本高	

续表

形式		结构特点		应用举例
		优点	缺点	
坡道式	分开式	带玻璃视窗,司机室视野较好;操作步骤少,操作时间短,疏散能力强	采用空气弹簧提供动力,要求空气弹簧质量较好;结构较复杂,质量较大,成本高	
	踏梯式	带玻璃视窗,司机室视野较好;结构简单,质量小,价格便宜	采用空气弹簧提供动力,要求空气弹簧质量较好;操作步骤较多,操作时间较长,疏散能力较差	

选择紧急疏散门时,优先选择易于操作、疏散能力强的坡道式紧急疏散门系统。

2. 逃生门的结构

以北京地铁 14 号线坡道式逃生门为例,其关闭状态和打开效果如图 3-25 所示。

地铁车辆逃生门主要由门页、铰链部分、折叠坡道、开门机构以及防护装置等组成,如图 3-26 所示。门页通过铰链和空气弹簧与车体连接,门页上带有玻璃视窗,门页内部为密封框架,通过双层密封达到隔声、隔热、防渗漏等要求。

坡道安装在主、副司机控制台之间,不影响门页上方的玻璃视窗。坡道上设有防护罩,以保证司机室美观;坡道上带有阻尼装置,以缓和逃生门展开时的重力冲击;其上还带有自锁装置,坡道必须在解锁状态下才能被展开,保证列车在运行过程中需要紧急制动时,坡道不会展开。

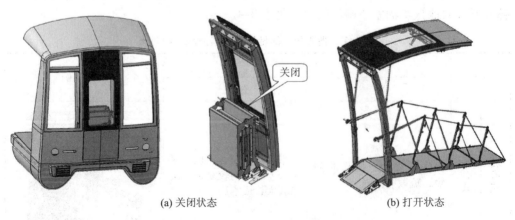

(a) 关闭状态   (b) 打开状态

图 3-25 坡道式逃生门的关闭状态和打开状态

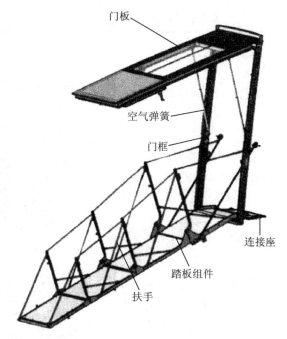

图 3-26 逃生门的展开结构图

3. 紧急疏散门的技术参数

紧急疏散门的主要技术参数如表 3-5 所示。

表 3-5 紧急疏散门的主要技术参数

项 目	参 数
通过高度/mm	≥1 800
通过宽度/mm	≥640
环境温度/℃	-25 ~ +45
疏散速度	在 30 min 内将列车定员乘客全部疏散完毕
开门时间/s	≤20
开门操作力/N	≤80
使用寿命/年	≥30

4. 紧急疏散门的操作方法

下面以北京地铁 14 号线坡道式紧急疏散门为例,介绍紧急疏散门的操作方法。

开门方式:紧急疏散门门锁在司机室内外都可手动开启,一旦门锁开启,通过空气弹簧执行机构的机械动作,车门能自动倒向路基。紧急疏散门开启步骤见表 3-6。

表 3-6 紧急疏散门开启步骤

步骤	操作内容	图例
第一步	利用三角钥匙将紧急疏散门锁闭装置打到释放准备位置	
第二步	推动紧急疏散门上的门锁,门页必须推到约 20°时才能松开把手,若提前松开把手,则门页有可能往回运动	
第三步	及时松开把手,释放紧急疏散梯,扣住紧急疏散梯上的四个安全扣件,进行乘客紧急疏散	

对于六辆编组的 B 型车,紧急疏散门的通过高度应大于 1 800 mm,通过宽度不小于 640 mm,疏散速度要保证在 30 min 内将六辆编组列车定员乘客全部疏散完毕。

在将车上乘客疏散完毕后,需由司机或站务人员配合回收紧急疏散梯,紧急疏散梯的回收操作见表 3-7。

表 3-7 紧急疏散梯的回收操作

步骤	操作内容	图例
第一步	利用三角钥匙将紧急疏散门锁闭装置打到回收准备位置	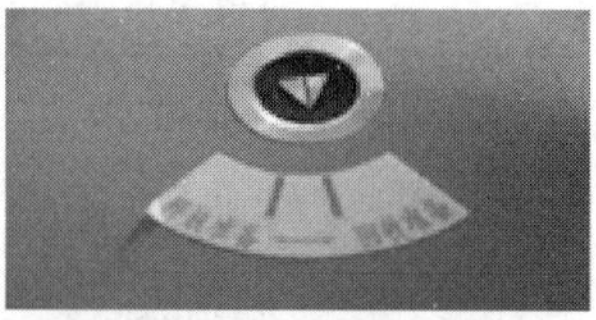
第二步	扳起紧急疏散梯上的四个安全扣件	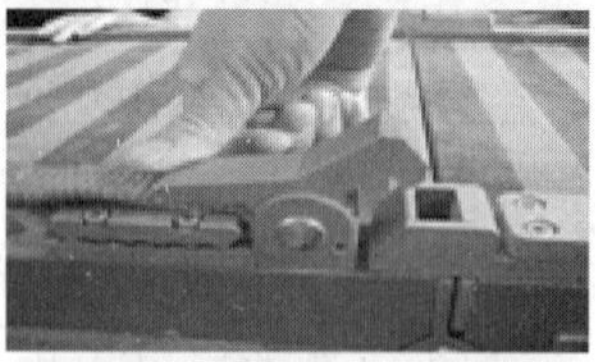
第三步	用棘轮扳手通过紧急疏散门两侧的螺栓手动回收紧急疏散梯	

续表

步　骤	操作内容	图　例
第四步	左手握住解锁手柄，右手握住下摆杆向车内方向拉动门页，结合车门惯性将锁叉卡到轴上。处在二级啮合位置时，确认紧急疏散门完全锁闭到位	

注意：回收时动作要缓慢，不要冲击坡道。

二、司机室侧门

司机室侧门多采用内藏式或塞拉式手动移门，它是在目前我国铁路上广泛使用的手动移门的基础上发展而来的，具有运动阻力小、结构简单、操作方便等特点。

1. 关门操作

在司机室内外侧，均可直接操作门把手对门页施加关门力，使门页往关门方向运动而实现关门动作。门页到达关闭位置时，锁钩锁闭到位，同时行程开关动作发出信号。

2. 开门操作

（1）司机室内侧开门。先旋转小把手使保险锁解锁，再操作门锁上的大把手，约转动15°对门锁解锁，同时使门页往开门方向运动，从而实现门页的开门动作。

（2）司机室外侧开门。用钥匙操作三角锁芯进行解锁，同时推或拉动门页往开门方向运动，实现开门动作；门锁解锁的同时，微动开关动作发出信号，使安全回路断开。司机室侧门内外解锁装置如图3-27所示。

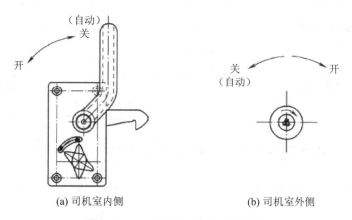

(a) 司机室内侧　　(b) 司机室外侧

图3-27　司机室侧门内外解锁装置

三、司机室后端门

司机室后端门也称为司机室间壁。如图3-28所示，它是在司机室后端墙中间设置的一个与客室相通的通道门。其用途是在列车运行时，便于司机进入客室车厢查明情况或处理事故等。司机室后端门多采用手动移门，其操作与司机室侧门基本一致。在客室一侧一般设有紧急开门装置，但正常情况下不允许乘客使用，当乘客发现危险性事故等特殊情况时，可以起用紧急拉手开启后端门。

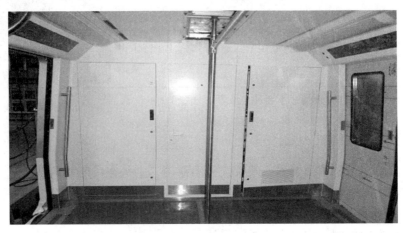

图 3-28　司机室后端门

练习题

一、填空题

1. 从驱动方式看，紧急疏散门属于_____。
2. 紧急疏散门设计要求_____分钟内将列车定员工况下的乘客疏散完毕。
3. 紧急疏散门释放后，车门会自动倒向_____。
4. 紧急疏散门的回收需要_____扳手。
5. 从驱动方式看，司机室侧门多采用_____。
6. 紧急疏散门主要有_____和_____两种结构，其中_____又分为_____和_____两种结构形式。从疏散能力看，_____优于_____。从操作步骤看，_____操作步骤多，耗时长。
7. 当乘客发现危险性事故等特殊情况时，可以开启_____进入司机室。
8. 若列车运行过程中开启司机室侧门，则列车将启动_____。

二、简答题

1. 简述紧急疏散门的开启步骤。
2. 简述司机室后端门的功能。
3. 简单介绍司机室侧门及开关操作。

三、查一查

查一查南京地铁 10 号线（图 3-29）过江隧道是如何设置逃生通道的？

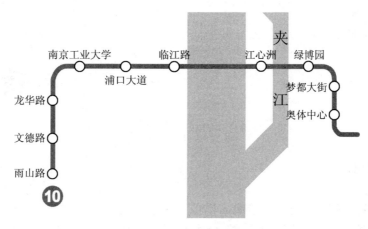

图 3-29　南京地铁 10 号线

课题四　车门认知实训

一、实训目标

（1）通过维修手册查询城市轨道交通车辆车门的有关参数。

（2）根据城市轨道交通车辆车门能判断车门的类型。

（3）学会利用相关专业书籍、网络等途径查询城市轨道交通车辆车门生产企业。

（4）能测量车门的重要尺寸并调整车门参数。

二、实训设备和工具

城市轨道交通车辆一辆及车辆实训设备。

三、实训过程

（1）分组实践，分组考核。

（2）独立完成实训考核，填写相关表格。

单元四

转向架

单元导入

转向架是车辆与轨道直接接触的部位，位于轨道和车体之间。车体坐落在转向架上，转向架承载了车体的全部重量，并传递从车体至轮轨之间，或从轮轨至车体之间的各种载荷及作用力。列车组要跑得快离不开转向架这个"飞毛腿"。转向架还直接决定了车辆运行的稳定性和乘坐的舒适性。因此，转向架是城市轨道交通车辆最核心的部件之一。

查一查

为了保证地铁车辆安全运营，需要对地铁车辆进行日检、双周检、三月检、定修以及架大修。由于地铁车辆的转向架等大部分机械部件在车底，所以车辆维修员需要通过地沟和地下固定式架车机两种方式对车底转向架等机械部件进行检修和维护，如图4-1所示。

图4-1 地沟和地下固定式架车机

地下固定式架车机主要用于地铁车辆的顶升，便于车辆维修员进行车下转向架的更换、车体与转向架之间连接件的安装拆卸作业。地下固定式架车机顶升地铁车辆时，不仅可以对连续编组的整辆列车进行架车，还可以对任一单节车辆进行架车。请查询地下固定式架车机的结构及作业特点。

课题一　概　述

 课题目标

（1）能说出转向架的作用。
（2）能判断转向架的类型。
（3）能指认转向架的结构。
（4）能说出转向架的主要技术参数。

转向架是指把两个或几个轮对用专门的构架（侧架）组成的小车，车体就支撑在前后两个转向架上。车体与转向架可相对转动，从而车辆的载重量、长度和容积都可以增加，运行品质得到提高。这是目前绝大多数车辆采用的形式。

一、转向架的作用

转向架是城市轨道交通车辆的走行部，位于车体与轨道之间。它支承车体，引导车辆沿轨道行驶，其主要作用有如下几个。

1. 承载

转向架承受并传递来自车体与轮对之间或钢轨与车体之间的各种载荷和作用力，并使轴重均匀分配。

2. 传力

充分利用轮轨之间的黏着作用，牵引工况时把在轮轨接触处产生的轮周牵引力传递给车体、车钩，通过轴承装置使车轮沿钢轨的滚动转化为车体沿线路运行的平动，牵引全列车前进；制动工况时放大制动缸所产生的制动力，使车辆具有良好的制动效果，以保证车辆在规定的距离内停车。

3. 减振

转向架上的弹簧减振装置有良好的减振性能，可以缓和车辆与线路间的相互作用，减小因线路不平顺等因素对车辆造成的冲击力，提高车辆运行的平稳性。

4. 过弯

转向架能保证车辆安全运行，灵活、顺利地通过曲线。

二、转向架的类型

转向架的区别主要在于使用车轴的类型和数目、轴箱定位的方式、弹簧装置的形式、载荷传递的方式等。城市轨道交通车辆一般都采用两轴转向架。转向架可按如下几种常见方式分类。

1. 按轴箱定位方式分类

常见轴箱定位装置的结构形式有拉板式定位、拉杆式定位、转臂式定位、层叠橡胶弹簧定位、导柱式定位等。

2. 按车体与转向架之间载荷传递方式分类

（1）心盘集中承载。

车体的全部质量通过前后两个上心盘分别传递给前后转向架的两个下心盘，如图 4-2（a）所示。

（2）非心盘承载。

车体的全部质量通过弹簧悬挂直接传递给转向架构架，或者通过弹簧悬挂装置与构架之间装设的旁承装置传递，如图 4-2（b）所示。这种转向架的心盘回转装置的作用是牵引和转动。

（3）心盘部分承载。

车体的全部质量按一定比例分配，分别传递给心盘和旁承装置，使它们共同承担，如图 4-2（c）所示。

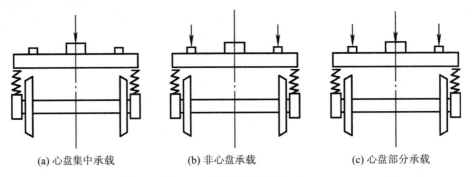

(a) 心盘集中承载　　(b) 非心盘承载　　(c) 心盘部分承载

图 4-2　车体载荷承载方式

3. 按是否安装驱动装置分类

按是否安装驱动装置，可分为动车转向架和拖车转向架。动车转向架上装有驱动和传动装置，拖车转向架上没有驱动和传动装置。

4. 按弹簧悬挂系统分类

（1）一系弹簧悬挂。

车体与轮对之间只装有一系弹簧减振装置，可以设在车体与构架间，也可设在构架与轮对间，如图 4-3（a）所示。

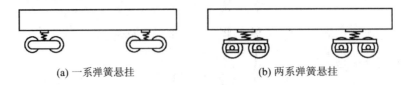

(a) 一系弹簧悬挂　　(b) 两系弹簧悬挂

图 4-3　弹簧减振装置

（2）两系弹簧悬挂。

在车体与轮对之间设有两系弹簧减振装置，即在车体与构架间设弹簧减振装置，在构架与轮对间设轴箱弹簧减振装置,两者相互串联,使车体的振动经历两次弹簧减振,如图 4-3(b)所示。

三、转向架的组成

转向架是车辆的一个独立部件,应尽可能减少连接件,简化结构,使得拆装方便,便于转向架的独立制造和维修。由于车辆的用途不同、运行条件的差异等,转向架的类型非常多,结构各不相同,但转向架的基本组成是相同的。

目前城市轨道交通车辆采用的转向架均为无摇枕结构。动车转向架(图 4-4)和拖车转向架(图 4-5)的主要区别是:动车转向架有驱动和传动装置(牵引电机、齿轮传动装置、联轴器),拖车转向架没有驱动和传动装置。动车车辆的转向架要便于安装牵引电机和传动装置,二者的其他结构基本相同。

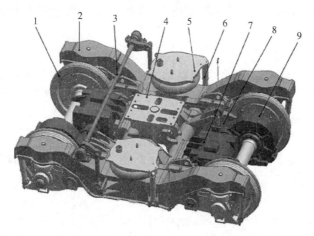

1—轮对轴箱装置;2—构架;3—抗侧滚扭杆;4—牵引连接装置;5—空气弹簧;
6—液压减振器;7—牵引电机;8—基础制动装置;9—齿轮箱。

图 4-4 动车转向架

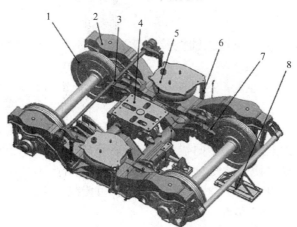

1—轮对轴箱装置;2—构架;3—抗侧滚扭杆;4—牵引连接装置;5—空气弹簧;
6—液压减振器;7—基础制动装置;8—ATC 信号传感器。

图 4-5 拖车转向架

1. 构架

构架是转向架的安装基础，把转向架的零部件组成一个整体。它不仅承受和传递各种作用力及载荷，而且其结构形状、尺寸和大小都应满足各零部件的结构、形状及组装的要求。

2. 轮对轴箱装置

轮对沿着钢轨滚动，除了传递车辆重量外，还传递轮轨之间的各种作用力，包括牵引力和制动力。轴箱与轴承装置是联系构架和轮对的活动关节，使轮对的滚动转化为车体沿钢轨的平动。

3. 弹性悬挂装置

为了减少线路的不平顺和轮对运动对车体的各种动态影响，在轮对与构架之间或者构架与车体之间设有弹性悬挂装置，前者称为轴箱悬挂装置（又称一系悬挂），后者称为构架悬挂装置（又称两系悬挂）。弹性悬挂装置包括弹性装置、减振装置和定位装置。

4. 基础制动装置

基础制动装置传递制动缸产生的制动力或单元制动机产生的制动力，使闸瓦与轮对之间产生的转向架的内摩擦力转换成轮轨之间的外摩擦力（即制动力），产生制动效果，使车辆在规定的距离内停车。

5. 牵引连接装置

牵引连接装置用于传递车体与转向架间的垂向力和水平力，使转向架在车辆通过曲线轨道时能相对于车体回转。

6. 传动装置

传动装置布置在动车转向架上，由牵引电机、齿轮箱、联轴器等组成，它将动力装置的转矩有效地传递给车轮。

四、转向架的主要技术要求及参数

1. 主要技术要求

（1）保证最佳的黏着条件：轴重转移应尽量小，且轮轨间不产生空转或滑行运动。

（2）良好的动力学性能：尽量减小轮轨间的动作用力，减少轮轨间的应力和磨耗。

（3）重量轻，工艺简单：尽可能减轻自重，且制造和维修工艺简单。

（4）良好的相似性：动车转向架和拖车转向架结构应相似；列车中所有相同功能的零部件应能互换，便于检修。

（5）零部件标准化和统一化：结构和材质尽可能统一化。

2. 主要技术参数。

转向架的主要技术参数如表 4-1 所示。

表 4-1 转向架的主要技术参数

项目	参数值	项目	参数值
轴距/mm	2 300	新车轮直径/mm	840
轨距/mm	$1\,435^{+6}_{-2}$	全磨耗车轮直径/mm	770
转向架中心距/mm	12 600	半磨耗车轮直径/mm	805
轴重/t	14	车轮踏面	磨耗型踏面
车轮内侧距/mm	1 353 ± 2	两系悬挂间距/mm	1 760

 地方链接

常州地铁 1 号线动车转向架（图 4-6）和拖车转向架（图 4-7）均为无摇枕结构。两种转向架均采用橡胶弹簧的轴箱定位装置、由箱形焊接结构的侧梁和横梁对接而成的焊接构架、大曲囊空气弹簧、牵引橡胶装置、自动高度调整阀、差压阀、横向及垂向油压减振器、踏面制动单元、轮缘润滑装置和轮对装置等。动车转向架安装牵引电动机、齿轮传动装置、联轴器等，拖车转向架安装信号速度传感器、信号天线、轮缘润滑装置等。

动车转向架和拖车转向架具有很强的互换性，空气弹簧、高度调整阀、差压阀、调整杆、中央牵引装置、一系弹簧、垂向和横向油压减振器、横向止挡、单元制动器、车轮、轮缘润滑装置等可以完全互换。

采用大柔度空气弹簧来改善车辆乘坐的舒适性，不需要附加气室，简化了转向架结构，而且空气弹簧在无气时也能使车辆正常安全运行。

 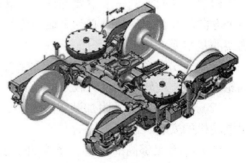

图 4-6 常州地铁 1 号线动车转向架　　图 4-7 常州地铁 1 号线拖车转向架

练习题

一、填空题

1. 城市轨道交通车辆一般都采用_____轴转向架。
2. 转向架位于_____与_____之间，它支承车体，引导车辆沿轨道行驶。
3. 按是否安装驱动装置，转向架可分为_____转向架和_____转向架。_____转向架上装有驱动和传动装置。
4. 靠近车辆1位端的转向架为_____转向架，靠近2位端的转向架为_____转向架。

二、简答题
简述转向架的作用。

三、查一查
写出常州地铁1号线动车转向架和拖车转向架的组成部件。

课题二 构 架

课题目标

（1）能说出构架的作用。
（2）能区分动车转向架构架和拖车转向架构架。
（3）知道构架各梁的托座上安装何种零部件。

一、构架的作用与要求

构架是转向架的一个重要部件，是转向架其他零部件的安装基础，承受和传递各个方向的载荷。设计时必须全面考虑构架与各有关零部件的相互位置等问题。对构架的基本要求如下：

（1）部分部件的尺寸精度要求较高，这些部件的安装应具有较高的定位精度，如轮对定位，使转向架具有较好的运行性能。
（2）便于各部件及附加装置的安装，包括轮对安装、传动齿轮装置的悬挂、牵引电动机的安装、制动系统的安装。
（3）具有足够高的强度，承受并传递牵引力、制动力、车体质量以及各种冲击、振动，保证列车安全运行。

二、构架的结构

构架一般由左右侧梁和一个或几个横梁组成，侧梁是构架的主要承载结构。为了使构架获得最大强度和最小自重，应尽可能按照等强度梁设计。构架各梁的布置应尽可能对称，如果对称设计有困难，也应尽量减少不相同零件的数量，减小制造难度，降低制造成本。

构架各梁体以及由各梁体组成构架时，必须注意减少集中应力。一方面，在各梁相交部位应采用圆滑过渡的结构，使得构架工作应力流平缓；另一方面，对于无法避免的切口部位，要采用相应补强措施，如局部加厚、增加加强筋和加强罩等办法。除了保证构架强度外，构架还要有足够的刚度。足够的刚度是保证构架在正常使用过程中安装在其上的零部件的相对位置始终处于一个较理想的位置。

就制造工艺而言，转向架的构架主要有铸钢构架和焊接构架两种形式。由于铸钢构架的质量大、铸造工艺复杂，城市轨道交通车辆中一般不采用铸钢构架。焊接构架的组成梁为中空箱形，不仅质量轻、节省材料，而且能满足强度和刚度的要求，所以应用比较广泛。

就结构形式而言，构架一般有开口式和封闭式，或者分为"H"形、"日"字形、"目"字形等。我国地铁车辆多采用开口式"H"形构架（图4-8）。

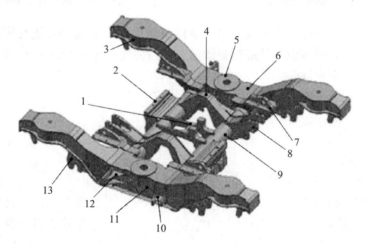

1—牵引座；2—电机悬挂座；3——系弹簧座；4—横向止挡座；5—空气弹簧座；6—右侧梁；7—制动器座；8—齿轮箱吊挂座；9—横梁；10—减振器座；11—左侧梁；12—抗侧滚扭杆座；13—拉杆座。

图4-8　开口式动车转向架构架

就转向架类型而言，构架可分为动车转向架构架和拖车转向架构架。两者结构基本相同，动车转向架横梁设有牵引电机悬挂座和齿轮箱吊挂座等。

构架的主要破坏形式是裂纹和变形。

 地方链接

常州地铁1号线转向架构架采用全钢焊接"H"形结构。侧梁采用"U"形结构，断面为箱形结构。横梁也为箱形结构，由上下盖板、腹板、若干加强板组焊而成。横梁和侧梁分别组焊后再对接组焊成构架。

动车转向架构架（图4-9）上焊有各种类型的安装座。其中，横梁上设有电机安装吊座、齿轮箱吊挂座、横向和垂向减振器座、横向和垂向止挡座、抗侧滚扭杆座等；侧梁上设有空气弹簧安装座、轴箱弹簧座等。拖车转向架构架（图4-10）与动车转向架构架基本相同，侧梁可以互换，只是横梁上由于没有牵引传动装置而取消了电机吊座和齿轮箱吊座。

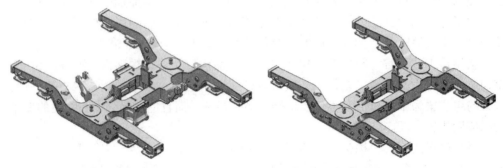

图4-9　动车转向架构架　　　　　图4-10　拖车转向架构架

构架由板材、铸件焊接而成。构架整体组焊后先对关键焊缝进行探伤检查，然后整体退火，消除焊接应力并进行整体加工。构架使用寿命不低于30年，在使用期间不产生裂纹等重大缺陷。

练习题

一、填空题

1. 我国地铁车辆多采用_____形构架。
2. 构架是转向架其他零部件的_____，承受和传递各个方向的载荷。
3. 构架一般由_____和_____组成，各组成部件的布置应尽可能_____。
4. 构架的_____和_____对转向架的性能有显著影响，主要破坏形式是_____和_____。

二、简答题

根据构架的作用，对构架有哪些要求？

课题三　轮对轴箱装置

课题目标

（1）能说出轮对的作用。

(2) 理解轮对的结构特点。
(3) 能够指认轴和车轮的主要部位。
(4) 认识轴箱的结构。
(5) 能分辨轴箱的定位方式。

每个转向架有两根带外置轴箱的轮对。轮对轴箱装置由轮对和滚动轴承装置两部分组成。除车轴外，动车、拖车轮对轴箱装置（图 4-11）的各组成零部件均可互换。

(a) 动车轮对轴箱装置　　　　(b) 拖车轮对轴箱装置

图 4-11　动车、拖车轮对轴箱装置

一、轮对的组成

轮对（图 4-12）是车辆与钢轨相接触的部分，由左右两个车轮牢固地压装在同一根车轴上所组成。轮对的作用是保证车辆在钢轨上的运行和转向，承受来自车辆的全部静、动载荷，把载荷传递给钢轨，并将因线路不平顺产生的载荷传递给车辆各零部件。

(a) 动车轮对　　　　(b) 拖车轮对

图 4-12　动车、拖车轮对

此外，车辆的驱动和制动也是通过轮对起作用的。对车轴和车轮的组装压力和压装过程有严格要求。

轮对内侧距离是两个车轮内侧面之间的距离，它是保证车辆安全运行的一个重要参数。我国地铁采用 1 435 mm 的标准轨距，其轮对内侧距为 (1 353 ± 2) mm，保证在任何线路上运行时轮缘与钢轨之间有一定的游隙，以减少轮缘与钢轨的磨耗。保证在最不利的情况下，车轮踏面在钢轨上仍有足够的安全搭接量，不致造成脱轨，能保证车辆安全通过道岔。

二、轮对的基本要求

（1）应有足够的强度，以保证在容许的最高速度和最大载荷下安全运行。

（2）应在强度足够和保证一定使用寿命的前提下，使其重量最小，并具有一定的弹性，以减小轮轨之间的相互作用力。

（3）应具备阻力小和耐磨性好的优点，这样车辆在运行过程中只需要较小的牵引动力，同时能提高使用寿命。

（4）应适用于车辆直线运行，同时又能使车辆顺利通过曲线，还应具备必要的防脱轨能力。

三、车轴

车轴一般为圆截面实心轴，采用优质碳素钢加热锻压成型，再经热处理（正火或正火后回火）和机械加工制成。

根据所使用轴承形式的不同，车轴可分为滑动轴承车轴和滚动轴承车轴，城市轨道交通车辆的车轴全部采用滚动轴承车轴。由于车轴各部分受力状态及装配需要不同，其直径也不同。滚动轴承车轴各部位的名称及作用如图4-13所示。

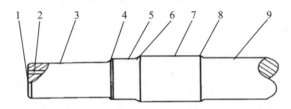

1—中心孔；2—轴端螺栓孔；3—轴颈；4—轴颈后肩；5—防尘板座；6—轮座前肩；7—轮座；8—轮座后肩；9—轴身。

图4-13 标准型滚动轴承车轴

（1）中心孔在车轴端面的中心部位，为便于轮对在车床上进行卡装而设置，也作为加工和校准车轴的基准。

（2）轴端螺栓孔为安装轴端压板螺栓而设置，轴端压板的作用是防止滚动轴承内圈从轴颈上窜出。

（3）轴颈用以安装滚动轴承，它承受车辆重量，并传递各方向的静、动载荷。

（4）防尘板座为车轴与防尘板配合部位，其直径比轴颈直径大，比轮座直径小，介于两者之间，是轴颈与轮座的中间过渡部位，可以减少应力集中。

（5）轮座是车轴与车轮配合的部位，也是车轴受力最大的部位。为了保证轮轴之间有足够的压紧力，配合过盈量应为轮座直径的0.8%~1.5%。同时为了便于轮轴压装，减少应力集中，轮座外侧（靠防尘板座侧）应有一圆锥形引入段，其小端直径比大端直径要小1 mm，锥体长12~16 mm。

（6）轴身是两个轮座的连接部分，该部位受力较小。

为减小应力集中，车轴各相邻截面的直径变化时，交接处必须采用圆弧缓和过渡。为了提高车轴的抗疲劳强度，对轴颈防尘板座和轮座要进行滚压强化和精加工。

高速列车普遍采用空心轴，可以减小轮对质量，降低车辆簧下部分质量，提高车辆运行的平稳性和减小轮轨间的作用力。

四、车轮

车轮（图 4-14）的结构、形状、尺寸、材质多种多样。按其结构不同，可分为整体车轮和带箍车轮两种。为降低噪声，减少簧下质量，还有橡胶弹性车轮、消声轮等。目前，我国城市轨道交通车辆上大部分采用整体辗钢轮。

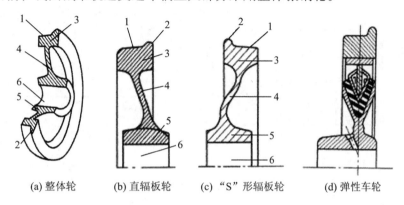

(a) 整体轮　(b) 直辐板轮　(c) "S"形辐板轮　(d) 弹性车轮

1—踏面；2—轮缘；3—轮辋；4—辐板；5—轮毂；6—轮毂孔。

图 4-14　车轮

整体辗钢轮由踏面、轮缘、辐板和轮毂组成，如图 4-14（a）所示。车轮与钢轨顶面接触的部分称为踏面；车轮与钢轨侧面接触的部分称为轮缘，它是保持车辆沿钢轨运行，防止脱轨的重要部分；踏面沿径向的厚度部分称为轮辋；车轮与车轴相配合的部分称为轮毂；轮辋与轮毂连接的部分称为辐板，辐板上有时开有工艺孔，便于轮对在切削加工时与机床固定，也方便搬运车轮和轮对。

轮对踏面一般做成一定的斜度，称为锥形踏面，如图 4-15（a）所示。踏面做成锥形有如下几个作用。

（1）便于车辆通过曲线。车辆在沿曲线运行时，由于离心力作用，轮对偏向外轨。由于踏面成锥形，外轨上滚动的车轮以较大的滚动圆滚动，在内轨上以较小的滚动圆滚动，从而减少了车轮在钢轨上的滑动，使轮对顺利通过曲线。

（2）车辆在沿直线运行时，轮对能自动调中。在直线线路上运行时，如果车辆中心线与轨道中心线不一致，则轮对在滚动过程中能自动纠正偏离位置。

（3）踏面磨耗沿宽度方向比较均匀。车轮踏面有斜度，运行时车轮与钢轨接触的滚动圆直径在不断地变化，致使轮轨的接触点也在不停地变换位置，从而使踏面磨耗更为均匀。

锥形踏面有斜度为 1∶20 和 1∶10 两段。前者位于轮缘内侧 48～100 mm 范围内，是轮轨主要接触部分，在直线上自动对中，在曲线上使外轮滑动量尽量小；后者为距轮缘内侧 100 mm 以外的部分，为轮对通过小半径曲线时轮轨接触部分。踏面的最外侧做成半径为 6 mm 的圆弧，其作用是便于车辆通过小半径曲线，也便于通过辙叉。

锥形踏面又称为标准踏面,在新踏面投入使用的前期踏面和轮缘磨损严重,但当踏面达到一定形状后,外形便保持相对稳定,磨耗速度减小。因此,将新踏面做成磨耗后相对稳定的形状,即磨耗形踏面。LM 型磨耗形踏面如图 4-15(b)所示。

磨耗形踏面可明显地减少轮轨的磨耗,延长使用寿命,减少换轮、镟轮的检修工作量,其经济效益是十分明显的。磨耗形踏面可减小轮轨接触应力,提高车辆运行的横向稳定性和抗脱轨安全性。

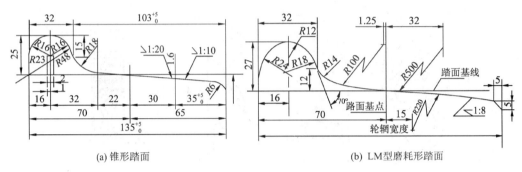

(a) 锥形踏面   (b) LM 型磨耗形踏面

图 4-15　车轮踏面

由于车轮踏面有斜度,各处直径不同,因此根据国际铁路组织的规定,在离轮缘内侧 70 mm 处测量所得的直径为名义直径,作为车轮的滚动圆直径,简称轮径。我国地铁车辆的新轮轮径均为 840 mm。轮径减小,可有效降低车辆的重心,增大车体容积,减小车辆簧下质量,缩小转向架固定轴距,但也有阻力增加、轮对接触应力增大、踏面磨耗加快等不足。

城市轨道交通车辆轮对的日常检查十分重要,其主要破坏形式为踏面擦伤、轮缘及踏面过限、车轴裂纹等。因为其运营速度一般低于 80 km/h,基础制动方式大多采用踏面制动,且城市轨道线路站距短、车站多、制动和启动频繁,车轮工作环境恶劣,使得车轮踏面容易发生损伤。

五、轴箱装置

轴承与轴箱的组合体称为轴箱装置(图 4-16)。轴箱与轴承装置是连接构架和轮对的活动关节,使轮对的滚动转化为车体沿着轨道的直线运动。轮对沿钢轨滚动的同时,除承受车辆的重量外,还传递轮轨之间的其他作用力,包括牵引力和制动力。城市轨道交通车辆的轴箱装置采用滚动轴承,可降低车辆启动阻力和运行阻力,在牵引力相同的条件下,可以提高牵引列车的载重和运行速度,还可以改善车辆走行部分的工作条件,减少热轴等事故,大大减少轴承的维

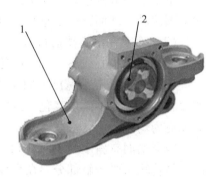

1—轴箱;2—滚动轴承。

图 4-16　轴箱装置

护和检修工作量。

滚动轴承轴箱装置中，按滚动体形状分类，主要有圆柱滚动轴承、圆锥滚动轴承、球面滚动轴承等。由于轴承在车辆运行过程中承受的静、动载荷大，因而要求轴承的承载能力大、强度高、耐冲击、寿命长等，所以城市轨道交通车辆采用圆锥滚动轴承或圆柱滚动轴承（图4-17）。

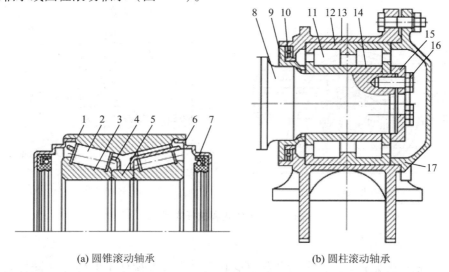

(a) 圆锥滚动轴承　　　　　　　　　(b) 圆柱滚动轴承

1、12—外圈；2—滚子；3、14—内圈；4—保持架；5—中隔圈；6—密封罩；7、10—密封圈；8—车轴；9—防尘挡圈；11—滚柱；13—轴箱；15—内圈压板；16—螺栓；17—轴箱盖。

图4-17　滚动轴承轴箱装置

轴承内圈与车轴轴颈采用过盈配合，轴承装在轴箱体内，外圈与轴箱体为过渡配合。

六、轴箱定位装置

轴箱定位装置是指约束轮对轴箱与构架之间相对运动的机构。它对转向架的横向动力性能、曲线通过性能和抑制蛇行运动具有决定性作用。

轴箱定位装置的纵向和横向定位刚度选择合适，可以避免车辆在运行速度范围内蛇行运动失稳，保证车辆沿曲线通过时具有良好的导向性能，减轻轮缘与钢轨间的磨耗和噪声，确保车辆安全和平稳运行。常见轴箱定位装置的结构形式有拉板式定位、拉杆式定位、干摩擦导柱定位、转臂式定位、层叠式橡胶弹簧定位等。

1. 拉板式定位

用特种弹簧钢材制成的薄片形定位拉板，一端与轴箱连接，另一端通过橡胶节点与构架相连。利用拉板在纵、横向的不同刚度来约束构架与轴箱的相对运动，以实现弹性定位。拉板上下弯曲刚度小，对轴箱与构架上下方向的相对位移的约束就很小。拉板式定位如图4-18（a）所示。

2. 拉杆式定位

转向架拉杆的两端分别与构架和轴箱铰接,拉杆两端的橡胶垫、套分别限制轴箱与构架之间的横向与纵向的相对位移,实现弹性定位。拉杆允许轴箱与构架在上下方向有较大的相对位移。拉杆式定位如图4-18(b)所示。

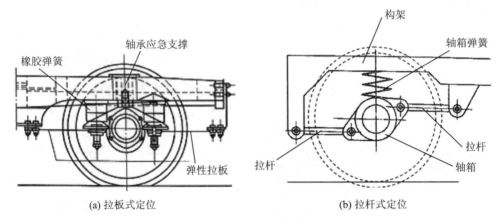

图4-18 拉板式和拉杆式定位

3. 干摩擦导柱定位

位于轴箱弹簧托盘上的支持环装有磨耗套,安装在构架上的导柱(同样装有磨耗套)插入支持环,当构架与轴箱之间发生上下运动时,两个磨耗套产生干摩擦。其定位作用是通过导柱与支持环传递纵向力和横向力,再通过轴箱橡胶垫产生不同方向的剪切变形,实现弹性定位。导柱定位如图4-19所示。

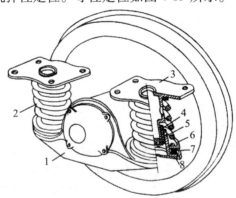

1—轴箱体;2—轴箱弹簧;3—弹簧支柱;4—弹性定位套;5—定位座组成;6—支持环;7—橡胶缓冲垫;8—弹簧托盘。

图4-19 导柱定位

4. 转臂式定位

转臂式定位又称弹性铰定位,定位转臂的一端与圆筒形轴箱体固接,另一端以橡胶弹性节点与构架上的安装座相连接。弹性节点允许轴箱与构架在上下方向有较大的位移,弹性节点内的橡胶件设计成使轴箱在纵向和横向具有适宜的、不同的定位刚度。转臂式定位如图4-20所示。

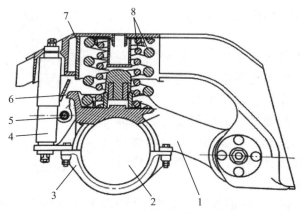

1—定位转臂；2—轴箱；3—底部压板；4—垂向减振器；5—止挡管；6—转臂凸台；7—弹簧套；8—轴箱弹簧组。

图 4-20　转臂式定位

5. 层叠式橡胶弹簧定位

构架与轴箱之间装设压剪型层叠式橡胶弹簧，其垂向刚度较小，使轴箱相对构架有较大的上下方向的位移，而其横向和纵向又有适宜的刚度，能实现良好的弹性定位。从外形上看，层叠式橡胶弹簧定位主要分为圆锥形和"八"字形两种，如图 4-21 所示。

(a) 圆锥形层叠式橡胶弹簧定位　　(b) "八"字形层叠式橡胶弹簧定位

图 4-21　层叠式橡胶弹簧定位

 地方链接

常州地铁 1 号线车辆每个转向架有两根带外置轴箱的轮对。动车转向架的每根车轴配有一个齿轮箱。除车轴外，动车、拖车轮对组成的各零部件均可互换。动车

轮对轴箱装置的结构如图 4-22 所示。

1. 车轮

车轮为直辐板整体辗钢轮。车轮两侧带有降噪环，车辆运行时车轮和降噪环之间会产生微摩擦，可以消耗车轮振动的能量，从而达到降低噪音的目的，特别是在曲线轨道上，对抑制尖锐的车轮啸叫有非常明显的作用。降噪环两端通过特殊焊接工艺焊接，不会影响车轮母材性能，安装安全可靠。

图 4-22　动车轮对轴箱装置

车轮轮毂处钻有一个注油孔，车轮通过冷压安装到车轴上，通过油压退轮，避免车轮擦伤车轴。车轮轮辋外侧表面设有磨耗到限指示槽。车轮踏面为 LM 型磨耗形踏面。

2. 车轴

车轴按 14 t 轴重设计，动车车轴还须承受由牵引产生的额外负载，按照规定进行磁粉和超声波探伤检查。车轴须进行防腐保护。轮座、齿轮箱座以及轴颈和轴端面等未油漆表面须采取临时保护措施。

3. 轮对

车轮通过冷压安装到车轴上。采用进口轮对压装机压装轮对，严格控制压装力曲线。组装过程中，车轮在一根车轴上的剩余不平衡应该在相对于车轴运动的相同方向定位，应在每个车轮上面标识出不平衡的位置。

4. 轴承和轴箱

采用整体铸钢结构的轴箱，使用寿命为 30 年。轴箱盖的设计要确保良好的密封性，能够检查组装并替换接地碳刷和速度传感器。轴箱的设计还要考虑不落轮镟设备的接口（图 4-23）。

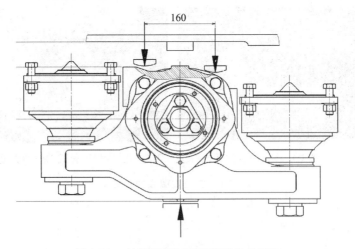

图 4-23　轴箱装置不落轮镟设备的接口

轴承采用进口自密封圆锥滚子轴承，由于圆锥滚子轴承轴向承载能力强，特别适用于小曲线多的城市轨道交通车辆，可以保证 800 000 km 免维护，使用寿命超过 2 000 000 km。

5. 轴端安装

根据列车总体布置，在转向架轴端可能布置不同的设备。为防止接地回流电流通过轴承，对轴承产生电腐蚀，在轴端安装接地回流装置。在拖车转向架轴端安装速度传感器，每组轮对安装一套制动速度传感器。

 练习题

一、填空题

1. _____是车辆与钢轨相接触的部分，由左右两个_____牢固地压装在同一根_____上所组成。

2. 我国地铁车辆的轮对内侧距标准为_____ mm。

3. 车轴与车轮配合的部位是_____，也是车轴受力最大的部位；_____是两轮座的连接部分，该部位受力较小。

4. 按车轮的结构不同，车轮可分为_____车轮和_____车轮两种。我国城市轨道交通车辆上大部分采用_____车轮。

5. 车轮与钢轨顶面接触的部分称为_____；车轮与钢轨侧面接触的部分称为_____。

6. 新设计的车轮踏面建议采用_____形。

7. 新车车轮直径是_____ mm。

8. _____是连接构架和轮对的活动关节，使轮对的滚动转化为车体沿着轨道的直线运动。

9. 轴箱定位装置是指约束_____与_____之间相对运动的机构。

10. 常见轴箱定位装置的结构形式有_____、_____、_____、_____、_____等。

二、简答题

1. 简述车轮锥形踏面的作用。
2. 什么是磨耗形踏面？有何意义？
3. 简述轴箱装置的作用。
4. 简述轴箱定位装置的作用。

三、查一查

1. 地铁车辆轮对内侧距为什么规定为（1 353 ± 2）mm？
2. 什么是不落轮镟设备？

四、在图4-24中填写轴箱定位装置形式

(   )

(   )

图4-24　轴箱定位装置形式

课题四　弹簧减振装置

课题目标

（1）掌握一系悬挂装置的位置、作用和类型。
（2）能指认二系悬挂装置的位置，辨别其组成。
（3）能分析空气弹簧的工作原理。
（4）了解抗侧滚扭杆、液压减振装置和横向止挡。

由于线路的不平顺，轨隙、道岔、轨面的缺陷和磨耗，以及车轮踏面的斜度擦伤和轮轴的偏心等原因，车辆在轨道上运行时，必将产生复杂的振动和冲击。为了提高车辆运行的平稳性，保证旅客乘坐的舒适度，必须安装弹簧减振装置。

弹簧减振装置使车辆弹簧以上部分与弹簧以下部分既有联系，又有区别。簧上、簧下的作用力相互传递，但运动状态又不完全相同。车辆动力性能的好坏与弹簧减振装置的结构形式及参数选择密切相关。

车辆采用的弹簧减振装置按其作用的不同，大体可分为三类：第一类是主要起缓和冲击作用的弹簧装置，如空气弹簧和轴箱弹簧；第二类是主要起衰减振动作用的减振装置，如垂向、横向减振器等；第三类是主要起弹性约束作用的定位装置，如轴箱定位装置、心盘与构架之间的纵、横向缓冲止挡等。

弹簧减振装置的悬挂方式可分为一系悬挂和两系悬挂两种，其中两系悬挂分为轴箱悬挂装置（一系悬挂装置）和中央悬挂装置（二系悬挂装置）。采用两系悬挂可以减小整个车辆悬挂装置的总刚度，增大静挠度，改善车辆垂向运动的平稳性，减小车辆与线路之间的动作用力。城市轨道交通车辆都采用两系悬挂。

一、一系悬挂装置

一系悬挂装置位于构架侧梁与轮对轴箱装置之间定位轴箱,并提供轮对与构架之间的连接,传递轮对和转向架之间的驱动力和制动力,将车体重量分配给各个车轮,保证轴重分配均匀,缓和轨道不平顺对车辆的冲击,保证车辆运行的平稳性。

一系悬挂的形式有双侧拉板式、单侧拉板式、层叠式橡胶弹簧式、转臂式等,城市轨道交通车辆转向架上常见的是层叠式橡胶弹簧一系悬挂和转臂式一系悬挂。

1. 层叠式橡胶弹簧一系悬挂

层叠式橡胶弹簧一系悬挂主要有圆锥形层叠式橡胶弹簧和"八"字形层叠式橡胶弹簧(又称"人"字形橡胶弹簧或"V"形橡胶弹簧)两种,如图4-21所示。

圆锥形层叠式橡胶弹簧一系悬挂主要由两个并联的圆锥形金属橡胶弹簧、轮对起吊止挡、撞击止挡及一个轴箱组成。"八"字形层叠式橡胶弹簧一系悬挂主要由一系弹簧安装座、"八"字形金属夹层弹簧、轴箱、起吊杆和调整垫片组成。

层叠式橡胶弹簧的弹簧单元安装在轴箱的两侧,轴箱在纵向、横向和垂直方向得到不同匹配的弹簧刚度,既能保证一系悬挂所需要的弹簧静挠度,又能满足轴箱弹性定位的要求,并且具有重量轻、结构简单、维护费用低及良好的吸收高频振动和隔声性能。

2. 转臂式一系悬挂

转臂式一系悬挂主要由定位转臂(含橡胶节点)、轴箱体、垂向减振器、轴箱弹簧组等组成,如图4-20所示,属于螺旋钢弹簧加橡胶节点的结构,螺旋钢弹簧主要提供垂向刚度,橡胶节点主要提供纵向和横向刚度。这种结构的优点是,轴箱与构架间无自由间隙和滑动部件,无摩擦磨损;构成件少,分解、组装容易,维修方便;轴箱的定位刚度可以独立设定,容易满足转向架悬挂系统的最优设计。

轴箱弹簧组为双卷螺旋钢弹簧,通常簧条截面为圆形,为避免卷与卷之间卡住或发生簧组转动,内外卷相邻弹簧的螺旋方向相反,即一个为左旋,另一个则为右旋。

当空车与重车簧上质量相差悬殊时,若仍采用一级刚度的螺旋弹簧组,有可能使空车的弹簧静挠度过小,自振频率过高,其振动性能不良。采用两级刚度的螺旋弹簧组,可使空车刚度小而弹簧静挠度较大,改善其运行品质,同时使轮重减载率减小,有利于防止脱轨。在重车时选用刚度较大的第二级弹簧刚度,可避免弹簧挠度过大而影响车钩高度。所以采用两级刚度的螺旋弹簧组,可兼顾空车和重车两种状态。在城市轨道交通车辆载重量大且波动较大,转向架弹簧安装位置有限的条件下,采用双卷弹簧结构是很适合的。

为了简化结构,降低自重,转臂式轴箱体采用一体化结构,便于组装和维护检修。它的一端通过弹性橡胶节点安装在构架上,另一端用螺栓固定在轴箱体的承载座上。弹性橡胶节点由弹性橡胶套、定位轴和金属外套组成,金属外套和定位轴通过橡胶硫化成一个整体,金属外套与轴箱转臂间采用过盈配合,定位轴与构架的定位座间采用圆柱面和侧面的止挡面配合,由中间的橡胶层提供轮对的定位刚度,在纵向和横向上实现无间隙、无磨耗的弹性定位。这种定位方式的优点是，可以通过改变橡胶层的形状来确定不同的定位参数，进而获得车辆不同的临界速度。

橡胶定位节点结构采用金属-橡胶硫化的弹性元件，安全可靠，即使在有橡胶部件损坏失效的情况下，也可以最大限度地保证车辆的安全。

一系悬挂垂向采用弹性缓冲止挡结构，可有效缓解由于一系悬挂减振部件失效带来的对轮对、轴箱等部位的冲击。

垂向减振器安装在轴箱外侧，位于构架端部和转臂轴箱体之间，方便检查与维护。

二、二系悬挂装置

在车体底架与构架之间设置二系悬挂装置，用于缓和车体的横向和垂向振动，控制车体的高度，提高车辆运行的平稳性和舒适性。

如图 4-25 所示，二系悬挂装置由左右两个空气弹簧、二系横向油压减振器、高度调整阀、差压阀、横向止挡等组成，部分车辆还装有二系垂向油压减振器、抗侧滚扭杆。

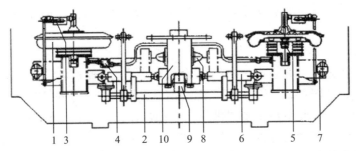

1—空气弹簧；2—抗侧滚扭杆；3—高度调整阀；4—差压阀；5—可变节流阀；6—横向油压减振器；7—抗蛇行减振器；8—横向止挡；9—牵引拉杆；10—牵引座。

图 4-25 二系悬挂装置

1. 空气弹簧悬挂系统

空气弹簧悬挂系统如图 4-26 所示，主要由空气弹簧本体、附加空气室、高度调整装置、差压阀和节流孔（阀）等组成。该系统的工作原理为：车辆静载荷增加时，空气弹簧 1 被压缩，空气弹簧工作高度降低，高度控制阀 2 随车体下降，由于高度调整连杆 3 的长度固定，此时高度调整杠杆 4 转动，打开高度控制阀的进气机构，压缩空气由列车风源通过高度控制阀的进气机构进入空气弹簧 1 和附加空气室 8，直到高度调整杠杆回到水平位置，即空气弹簧恢复其原来的工作高度为止；车辆静载荷减小时，空气弹簧 1 伸长，空气弹簧的工作高度增大，高度调整阀 2 随车体上升，同样由于高度调整连杆 3 的长度固定，高度调整杠杆 4 反向转动，打开高度控制阀的排气机构，压缩空气由空气弹簧 1 和附加空气室 8 通过高度控制阀的排气机构经排气口 6 排入大气，直到高度调整杠杆回到水平位置为止。

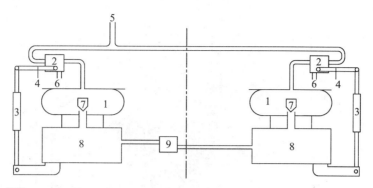

1—空气弹簧;2—高度调整阀;3—高度调整连杆;4—高度调整杠杆;5—列车风源;
6—排气口;7—节流孔(阀);8—附加空气室;9—差压阀。

图 4-26　空气弹簧悬挂系统

2. 空气弹簧

空气弹簧与钢弹簧相比,在改善车辆的动力性能和运行品质方面具有显著的优点,具有理想的反"S"形非线性刚度特性。在正常工作范围内,刚度很低;当振幅较大时,刚度具有陡增的特点,可以限制车体发生过大的位移。空气弹簧还能够有效地吸收高频振动和隔音,并且由于采用高度自动控制阀,空气弹簧悬挂系统可以保持地板高度不随车辆静载荷的变化而发生变化(除一系悬挂和车轮磨耗外),即空气弹簧能保持恒定的工作高度。

更为重要的是,利用高柔性空气弹簧的低横向刚度和大扭转变形的特点,可以取消传统转向架二系悬挂结构中的摇动台和摇枕装置,直接采用空气弹簧支承车体,使转向架的结构大为简化,转向架的质量减小 800～1 000 kg,实现了轻量化,并提高了转向架的可维护性和可靠性。所以,空气弹簧系统在轨道车辆上获得了广泛的应用。

在相同条件下,决定空气弹簧刚度特性的主要因素是橡胶囊的形状、材质、帘线角以及上盖和下座的几何参数等。此外,所采用的金属叠层橡胶辅助弹簧的形式也对空气弹簧系统的性能有很大影响。空气弹簧通常有膜式和囊式两类。膜式空气弹簧可分为约束膜式、自由膜式等形状。城市轨道交通车辆上普遍采用高柔性自由膜式空气弹簧。目前,常用的高柔性自由膜式空气弹簧主要有两种形式:一种是大曲囊式(图 4-27);另一种是小曲囊式(图 4-28)。

大曲囊式高柔性空气弹簧的结构特点是大半径橡胶囊加圆锥形叠层橡胶辅助弹簧,最大允许横向位移为 ±120 mm,二系悬挂的垂向阻尼一般是另外安装垂直油压减振器。小曲囊式高柔性空气弹簧是小半径橡胶囊加平板形叠层橡胶辅助弹簧,最大允许横向位移为 ±110 mm,二系悬挂的垂向阻尼一般是由空气弹簧内部的可变节流阀提供。前者需要较大的安装空间,后者需要的安装空间较小,这两种形式在我国均有应用。

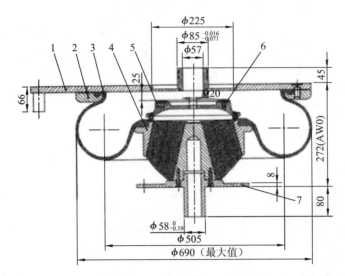

1—上盖组成；2—扣环；3—胶囊；4—橡胶堆；5—支承座；6—摩擦块；7—底座。

图 4-27 大曲囊式高柔性空气弹簧

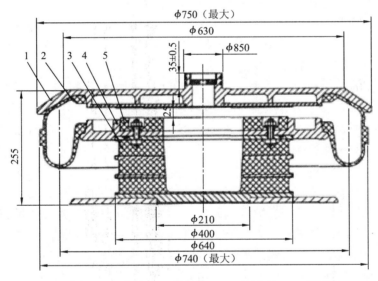

1—上盖板；2—胶囊；3—橡胶堆；4—支承座；5—摩擦块。

图 4-28 小曲囊式高柔性空气弹簧

空气弹簧位于构架的侧梁上，车体落在这两个空气弹簧上。空气弹簧的上部进风口与车体的管路连接，下部通风口与附加空气室连接。附加空气室的作用是能够显著降低空气弹簧的垂向刚度，但当附加空气室的容积达到一定数值后（一般为60～70 L），刚度不再明显变化。城市轨道交通车辆的附加空气室的常见结构有两种：一种是利用转向架构架侧梁或横梁内腔；另一种是在车体上设置单独的空气弹簧附加空气室。这两种情况各有利弊，应根据不同的设计条件加以选择。

空气弹簧的胶囊与橡胶堆串联工作，通过对这两个部件的优化，可以使乘客获得较高的乘坐舒适性。在正常工况下（充气状态），橡胶堆有助于胶囊适应转向架的转动。如果胶囊失效（即空气弹簧无气），橡胶堆将独立工作，提供紧急状态下的支承刚度，保证车辆能够正常运行。橡胶堆（也称紧急橡胶弹簧）内还设有金属止挡，能保证在胶囊失效时，车辆地板面高度的下降量不超过规定的数值。

3. 高度调整阀、高度调整连杆、高度调整杠杆

由于采用了高度调整阀、高度调整连杆、高度调整杠杆，因而空气弹簧具有许多优点。车体高度是通过高度调整阀控制空气弹簧充、放气来调整的。城市轨道交通车辆一般要求载荷变化时车辆地板高度调整的时间不超过车站停车时间，地板面高度的变化范围为 ±10 mm。高度调整阀只能用来补偿乘客质量的变化，而不能用于补偿车轮和转向架零件的磨损。高度调整连杆、高度调整杠杆的功能是负责将由乘客负载引起的高度变化信息，准确地传递给高度调整阀，使高度调整阀保压、充气或排气，如图 4-29 所示。

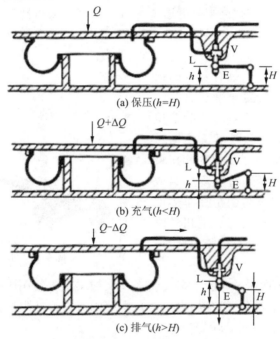

H—地板标定高度；h—地板实际高度。

图 4-29　高度调整阀工作原理

（1）当正常荷载位置（保压），即 $h = H$ 时，充气通路 V→L 和放气通路 L→E 均被关闭，如图 4-29（a）所示。

（2）当车体荷载增加（充气），即 $h < H$ 时，阀动作，使 V→L 通路开启，压缩空气向空气弹簧补充，直至车厢地板面上升到标定高度，如图 4-29（b）所示。

（3）当车体荷载减小（排气），即 $h > H$ 时，阀动作，放气通路 L→E 开启，空气弹簧向大气排气，直到地板面降至标定高度为止，如图 4-29（c）所示。

4. 差压阀

差压阀安装在同一转向架左右两侧空气弹簧的连接管路中间，保证两侧空气弹簧的内压之差不超过为保证行车安全规定的某一定值，若超出定值，差压阀自动连

通左右两侧的空气弹簧，使压差维持在该定值以内，防止车体过度倾斜。差压阀在空气弹簧悬挂系统装置中起安全保障作用。

差压阀的动作压强一般分为 98.1 kPa、117.8 kPa、147.1 kPa 三种。差压阀动作压强的选择应综合考虑多方面的因素，在条件允许的情况下，尽可能选择较小值，以减小车辆在过渡曲线上的对角压差，提高车辆的抗脱轨能力和安全性。

5. 抗侧滚扭杆

空气弹簧大大提高了车辆悬挂系统的静挠度，降低了车辆在垂向和横向的自振频率，提高了车辆运行的平稳性。然而，由于垂向静挠度的增加，降低了车辆系统的抗侧滚刚度，使车辆在通过道岔和曲线时的侧滚角增大，降低了乘坐舒适度。抗侧滚扭杆的作用是，在不增加车辆垂向和横向悬挂刚度的前提下，提高车辆的抗侧滚刚度，以限制车辆在线路出现较大不平顺时的侧滚角，保证车辆在动态情况下不超出允许的车辆限界，并提高乘坐舒适度。可见，抗侧滚扭杆实质上就是一个扭力弹簧，它不约束车体的浮沉和横摆运动，但在车体发生侧滚时可产生较大的复原力矩，提高车辆抗倾覆能力和稳定性。

抗侧滚扭杆装置必须具有合理的设计和安装结构，否则会对车辆在直线上运行的平稳性产生不利影响。抗侧滚扭杆由连杆组成、扭臂、扭杆和支承座组成等组成，如图 4-30 所示。扭杆和扭臂采用压装式连接，扭杆通过支承座组成与构架相连，连杆组成与固定在车体上的连接座相连。扭杆是具有一定扭转刚度的弹簧杆，连杆两端镶有橡胶节点。

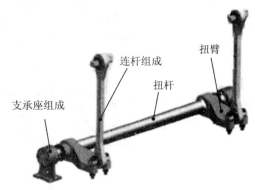

图 4-30　抗侧滚扭杆

6. 横向止挡

横向止挡也称横向缓冲橡胶，多安装在构架横梁上，使用弹性橡胶堆，用来限制二系悬挂装置横向变形，以免超出正常自由范围。其弹性阻尼元件用来减小横向冲击，并设有自由间隙和弹性间隙。

当车辆发生一定的横向位移后，横向止挡能够为车辆提供附加的非线性横向刚度，控制车辆的动态横向偏移，并提高横向乘坐舒适性。另外，横向止挡还能够限制车体与转向架间产生过量的横向位移，保证车辆满足限界要求。

三、液压减振器

减振装置主要用来减少振动，城市轨道交通车辆一般采用液压减振器（又称油压减振器）。液压减振器主要利用液体黏滞阻力所做的负功来吸收振动能量。

按照液压减振器安装部位的不同，分为一系液压减振器和二系液压减振器；按衰减振动的方向不同，分为横向液压减振器、垂向液压减振器、抗蛇行减振器。城市轨道交通车辆一般采用横向液压减振器和垂向液压减振器两种。

1. 垂向液压减振器

垂向液压减振器良好的减振性能主要是依靠活塞杆装置上的节流孔、进油阀装置和适宜的减振油液而确定的。

液压减振器的工作原理如图 4-31 所示,当活塞杆向上运动时,减振器处于拉伸状态,油缸上部油液的压力增大,这样上下两部分油液的压差迫使上部部分油液经过芯阀的节流孔流入油缸下部。油液通过节流孔时产生阻力,该阻力的大小与油液的流速、节流孔的形状和孔径的大小有关。当活塞杆向下运动时,减振器为压缩状态,受到活塞压力的下部油液通过芯阀的节流孔流入油缸上部,也产生阻力,因此,在车辆振动时液压减振器起减振作用。

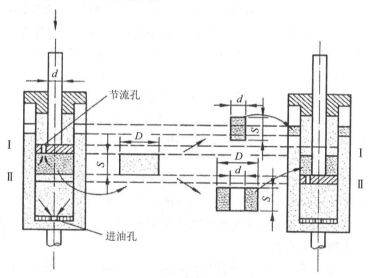

图 4-31　液压减振器的工作原理

2. 横向液压减振器

横向液压减振器的内部结构与垂向液压减振器的内部结构基本相同,城市轨道交通车辆中的横向液压减振器一般是水平地安装于构架侧梁与中央牵引梁之间。

 地方链接

常州地铁 1 号线车辆的弹簧减振装置介绍如下。

1. 一系悬挂装置

如图 4-32 所示,一系悬挂装置主要由一对圆锥形橡胶弹簧组成,安装在轴箱两侧,可提供转向架所需的三向定位刚度。当轮重差较大时,可以通过在橡胶弹簧底部加调整垫来调整。一系悬挂还设有轮对起吊,在吊起转向架时能够吊起轮对。

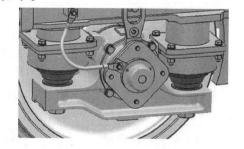

图 4-32　一系悬挂装置

2. 二系悬挂装置

如图4-33所示,二系悬挂装置主要包括空气弹簧、横向和垂向减振器、抗侧滚扭杆、高度阀、差压阀装置,其中高度阀、差压阀设置在车体底架上。

空气弹簧为大曲囊空气弹簧,不需要设置附加空气室就可以为车辆提供较低的横向和垂向刚度以及大的横向位移,既能为乘客提供良好的乘坐舒适性,又可以提高车辆通过曲线的能力,特别适用于小曲线多的城市

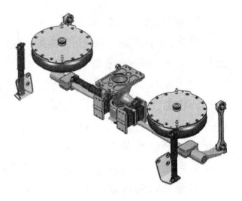

图4-33　二系悬挂装置

轨道交通车辆。空气弹簧下部带有一个锥形辅助橡胶弹簧,在空气弹簧无气时提供紧急状态下的支撑刚度,由于其垂向刚度比较低,保证在空气弹簧意外破损后车辆能够正常往返一个全程。

每个空气弹簧由一个高度调整阀控制充风和排风。对于一辆静止在轨道上的车辆,高度阀系统能使车辆地板面相对于转向架构架的高度偏差保持在10 mm范围内。在不同载荷条件下,高度调整阀使车辆地板面相对于站台的高度差保持相对稳定。

车轮直径由于磨耗或镟轮加工造成车辆高度降低时,可在空气弹簧下加调整垫来补偿,以确保车体地板面与站台之间的高度保持相对稳定。

抗侧滚扭杆的垂向连杆采用无磨耗的关节轴承进行连接,减少了车辆维护的工作量,降低了传递给车体的振动。

车辆在一定的横向位移后,弹性的横向缓冲挡提供了附加的非线性横向刚度,控制车辆的动态横向偏移,提高横向乘坐舒适性。横向缓冲挡总横向行程为 ±25 mm,自由间隙为 ±15 mm。

每个转向架设有一个横向液压减振器,装在中心销和转向架构架之间,吸收车体横向振动的能量。转向架两侧均设置二系垂向液压减振器,与空气弹簧并排安装,吸收车体垂向振动的能量。

练习题

一、填空题

1. 弹簧减振装置的悬挂方式可分为_____和_____两种,城市轨道交通车辆都采用_____。构架与轮对之间的是_____悬挂,构架与车体之间的是_____悬挂。

2. 城市轨道交通车辆转向架上常见的一系悬挂形式是_____和_____两种。

3. 一系悬挂提供_____和_____之间的连接,传递_____和_____之间的驱动力和制动力,将车体重量分配给_____,保证轴

重分配均匀，缓和_____对车辆的冲击，保证车辆运行的平稳性。

4. 轴箱弹簧组为双卷螺旋钢弹簧时，为避免卷与卷之间卡住或发生簧组转动，内外卷相邻弹簧的螺旋方向一个为_____，另一个则为_____。

5. 在_____与_____之间设置二系悬挂装置，用于缓和车体的_____向和_____向振动，控制车体的_____，提高车辆运行的平稳性和舒适性。

6. 当前，常用的高柔性自由膜式空气弹簧主要有_____和_____两种形式。

7. 高度调整阀_____补偿乘客质量的变化，_____补偿车轮和转向架零件的磨损。

8. 差压阀保证两侧空气弹簧的_____不能超过为保证行车安全规定的某一定值。

9. 抗侧滚扭杆实质上就是一个扭力弹簧，它不约束车体的_____和_____，但可以_____。

二、简答题

1. 双卷弹簧结构有何特点？
2. 简述二系悬挂系统的组成和工作原理。
3. 简述空气弹簧中橡胶堆的作用。
4. 城市轨道交通车辆上一般安装了几种减振装置？它们的作用分别是什么？

三、查一查

地铁车辆在空载和满载两种不同的状态下，车厢地板面高度有变化吗？

课题五　牵引传动装置

课题目标

（1）能指认牵引装置的结构。
（2）了解传动装置的组成及作用。
（3）能分析列车牵引力的传递路径。

城市轨道交通车辆普遍采用无摇枕结构的转向架。由于没有摇枕，车体直接安装在空气弹簧上，必须靠转向架牵引装置（也称中央牵引装置）来实现摇枕所具有的传递纵向力和转向功能，所以牵引装置要具备以下功能。

（1）能够传递纵向的驱动力和制动力，同时允许二系弹簧在垂向和横向上柔软地动作。

（2）纵向具有适当的弹性，以缓和由于转向架点头、车轮重量不平衡等引起的纵向振动。

（3）结构上应便于车体与转向架的分离和连接。

（4）由于没有摇枕，所以须安装横向液压减振器、横向缓冲橡胶、空气弹簧异常上升止挡等，且这些部件的安装和拆卸不能增加车体与转向架分离作业的工时。

（5）转向架能够相对于车体旋转，使列车自由通过曲线。

一、牵引装置

图 4-34 所示的牵引装置是城市轨道交通车辆中一种典型的结构。这种牵引装置的中心销上端用螺栓固定在车体枕梁上，下部插在能够传递纵向力的牵引梁孔中。中心销下部连有空气弹簧异常上升止挡。牵引梁与构架横梁之间设有牵引叠层橡胶。车辆运行时，由牵引叠层橡胶传递运动所需的纵向力。同时牵引橡胶堆具有较低的垂向和横向附加刚度，可以减少转向架的振动传递到车体。

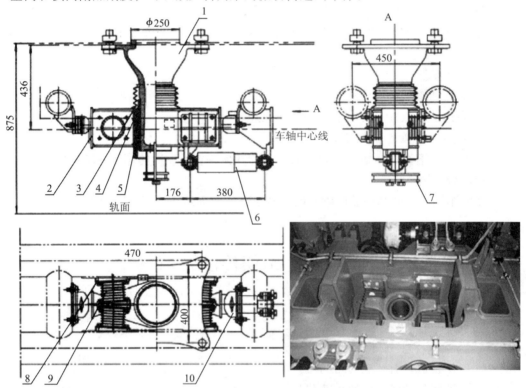

1—中心销；2—牵引梁；3—防尘罩；4—衬套；5—中心销套；6—横向油压减振器；
7—空气弹簧异常上升止挡；8—安装板；9—牵引叠层橡胶；10—横向缓冲橡胶。

图 4-34 牵引装置

1. 牵引梁

牵引梁可以视为摇枕的小型化，它是传递牵引力和制动力的中间载体，一方面通过中心销套与中心销连接，另一方面通过牵引叠层橡胶与构架的横梁相连。

2. 牵引叠层橡胶

牵引叠层橡胶的一端固定在牵引梁销座上，另一端固定在构架横梁上。牵引叠层橡胶的特性是纵向较硬、横向柔软，所以既能有效地传递纵向力，又能随空气弹簧做横向运动。每台转向架设四组牵引叠层橡胶，安装时能使其在纵向倾斜，以便牵引梁对准转向架中心。可按隔离纵向振动的要求选定牵引叠层橡胶的纵向刚度值，同时要保证纵向无滑动部位和间隙存在。

3. 中心销

中心销上端用螺栓固定在车体枕梁中心，下端插入牵引梁孔中，能够自如地垂向运动和回转。

4. 空气弹簧异常上升止挡

在牵引销座两侧安装一定长度的空气弹簧异常上升止挡，当空气弹簧因故过充时，空气弹簧异常上升止挡可以限制车体不断上升，保证安全；在起吊车体时，可使转向架与车体一起被吊起。

5. 横向缓冲橡胶

横向缓冲橡胶安装在构架横梁上的横向缓冲安装座上，能够限制车体与转向架的横向位移。

转向架不同，牵引装置的结构也有不同的特点。以下是城市轨道交通车辆中几种常见牵引装置的类型。

图 4-35 所示的牵引装置安装比较简单，转向架通过带有橡胶关节的牵引杆连接到与车体连接的车体中心销上。由于牵引杆两端与中心销和转向架的连接部位都有橡胶关节，橡胶关节的弹性定位能保证转向架绕中心销在各个方向上有一定程度的摆动，这既能保证转向架抗蛇行运动的性能，又能实现转向架与车体之间的转角，保证车辆顺利通过曲线。

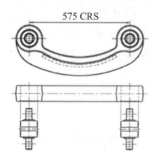
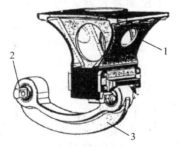

1—牵引座；2—轴；3—牵引杆。

图 4-35　牵引装置 1

图 4-36 所示的牵引装置采用中心销式低位"Z"形双拉杆结构，轴重转移小，有利于牵引力的发挥。

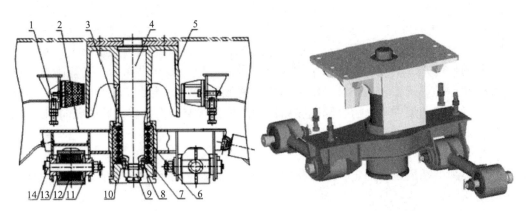

1—螺栓；2—牵引座；3—隔座；4—中心销；5—中心销座；6—复合弹簧；7—调整垫板；8—圆柱销；9—开槽螺母；10—压座；11—连杆体；12—套管；13—止挡；14—连杆销。

图4-36　牵引装置2

中心销压装在中心销座上，组成中心销组装，通过螺栓安装在车体底架上。隔座、复合弹簧、调整垫板、压座、开槽螺母从上到下依次安装在中心销上。装在复合弹簧外部的牵引座则通过横向减振器和连杆组装与转向架构架连接。连杆组装由连杆体、连杆销、套管、止挡等部件组成。中心销是牵引装置中最主要的连接与承载部件，中心销座除了起与车体连接的作用外，还兼作横向止挡的限位。

复合弹簧是以一个单圈螺旋钢圆弹簧为骨架，与橡胶硫化出来的圆筒体，钢圆弹簧因被包裹在橡胶中而不可见。安装时，复合弹簧先套到中心销上，此时复合弹簧与中心销、牵引座之间均存在径向间隙。复合弹簧轴向被压缩时发生径向膨胀，使间隙消失，将中心销与牵引座连接成一个弹性的关节。复合弹簧的主要作用是缓和转向架对车体的冲击，保持车体的平稳性，同时保证转向架能相对于车体在一定范围内旋转。压座与开槽螺母用于控制复合弹簧的压缩。为了防止在压缩过程中压座相对复合弹簧转动而使之损坏，用圆柱销将压座与中心销轴向连接，使压座只能沿中心销轴向移动。复合弹簧和压座之间可使用调整垫板，保证压座与牵引座之间的间隙。

牵引座是钢板焊接件，是复合弹簧、横向减振器、连杆组装等部件的安装基础。其辅助功能是作为整体起吊的垂向限位。

连杆组装将牵引装置与构架弹性连接起来，传递牵引力与制动力，同时保证牵引装置与构架的连接能适应空气弹簧高度的变化。

在牵引座上方，转向架构架上安装了4个螺栓，每侧2个。当车辆整体起吊时，牵引座随着车体提升，直到被螺栓挡住为止，然后构架乃至整个转向架也会随之被提升。在空载状态下，螺栓端面与牵引座的上顶面之间的距离应避免两者在非起吊状态时碰撞。

二、传动装置

城市轨道交通车辆的动力转向架、牵引电机需通过机械减速装置，才能将电机的扭矩转化为轮对转矩，再利用轮轨的黏着作用，驱动车辆沿着钢轨运行。传动装置主要包括牵引电机、齿轮箱、联轴器等。

1. 牵引电机的布置

牵引电机的布置形式直接影响转向架的动力性能。根据牵引电机在转向架上（或车体上）配置的特征，传动装置大致可分为轴悬式、架悬式、体悬式三大类。目前城市轨道交通车辆上采用得比较多的是架悬式。

（1）轴悬式。

如图4-37所示，轴悬式传动装置直接利用牵引电机驱动轴上的齿轮，带动轮对轴传递扭矩。电机驱动轴与轮对轴平行配置，牵引电机的一部分质量通过两个爪形轴承支承于轮对轴上，另一部分质量通过弹簧支承于构架梁上，也称抱轴式。一般牵引电机的小齿轮与轮对上的大齿轮之间的传动比取为1∶4至1∶6。

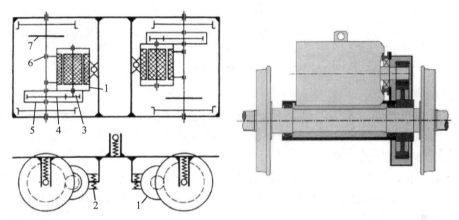

1—牵引电机；2—电机弹性悬挂；3—驱动小齿轮；4—车轴大齿轮；5—减速齿轮箱；6—爪形轴承；7—制动盘。

图 4-37 轴悬式传动装置

这种传动装置的很大一部分质量为簧下质量，会对转向架的运行品质带来不利影响，而且必然导致相关运动零件（如轴承、齿轮和集电器等）的强烈振动和磨耗。此外，由于这种传动的扭转弹性很低，往往会造成集电器过载，甚至损坏。

但由于这种传动结构简单、坚固，拆装方便，所以仍在轻轨车辆上应用。

（2）架悬式。

如图4-38所示，牵引电机支承于构架横梁上，属于簧上质量。采用电机空心轴和高弹性的联轴器驱动齿轮减速箱，牵引电机的质量由转向架构架全部承担，所以是一种典型的架悬式（也称全悬挂）结构。由于电机采用了空心轴，所以又称为电机空心轴式结构。

在空心电枢和齿轮减速箱的小齿轮之间设置了一个可移动的橡胶高弹性钢片联轴器。减速箱一端支承于轮对轴上，另一端通过可动的纵向可调节的支撑铰接于构架上。

空心轴式传动装置由于其具有重量轻、作用可靠和耐久性的特点，在城市轨道车辆中获得广泛应用。

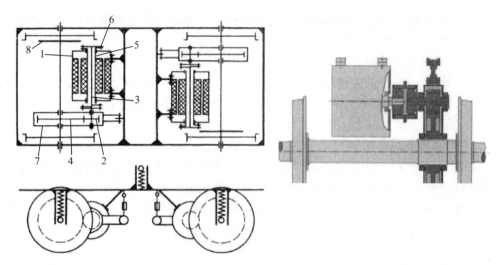

1—牵引电机；2—小齿轮；3—驱动轴；4—大齿轮；5—空心轴；6—联轴器；7—减速齿轮箱；8—制动盘。

图 4-38　架悬式传动装置

（3）体悬式。

如图 4-39 所示，牵引电机装于车体底部，电机驱动轴经万向联轴器将扭矩传递给置于转向架上的减速装置，从而使轮对转动。由于牵引电机的重量由车体全部承担，所以称为体悬式。

体悬式传动装置的工作条件比其他任何悬挂方式都好，无须将转向架与车体分离就可以卸下牵引电机，但其驱动机构最为复杂、制造成本高，故只有在必要时才采用体悬式传动装置。

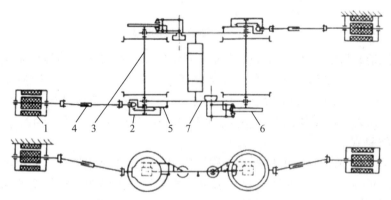

1—牵引电机；2—齿轮传动装置；3—轮轴；4—连杆轴；
5—传动支撑；6—制动盘；7—制动装置。

图 4-39　体悬式传动装置

2. 齿轮箱

城市轨道交通车辆多采用架悬式牵引电机布置，齿轮箱一端悬挂在构架上，另一端安装在车轴，如图 4-40 所示。与其配合的齿轮传动为减速齿轮，包括小齿轮（主动齿轮）、大齿轮（被动齿轮）、齿轮箱及轴承。齿轮箱的功能是将牵引电机输出的转矩传递给轮对，从而驱动转向架运动。牵引电动机的输出轴经弹性联轴器与齿轮箱的小齿轮相连接，大齿轮通过过盈配合安装于车轴上。齿轮箱箱体的一端通过轴承安装于车轴上，箱体的另一端通过吊杆弹性地吊装于构架横梁的齿轮箱吊座上。齿轮箱应有良好的润滑系统和密封系统，以保证润滑油不会泄漏。

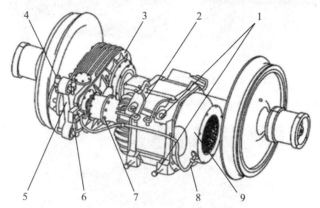

1、4—连接构架；2—安全锁；3—齿轮箱；5—扭接连杆；6—安全凸缘（安装在构架上）；7—联轴器；8—电动机速度传感器；9—牵引电动机。

图4-40 传动装置

3. 联轴器

联轴器是用来连接不同机构中的两根轴（主动轴和从动轴），使之共同旋转以传递转矩的机械零件。联轴器的每个单元都是由相互啮合的外圈和内圈组成，内圈通过过盈配合压紧在电动机输出轴或齿轮箱输出轴上。牵引电机的转矩通过联轴器传递给齿轮箱内的小齿轮，联轴器应能确保牵引电机轴与小齿轮轴在产生径向偏移时，仍能正常传递牵引电机的转矩。

牵引电机的牵引转矩经联轴器、齿轮传动机构传至轮对，轮对将牵引力经一系悬挂的弹簧装置传至构架，再经牵引连接装置传至车体。这样，牵引电机的驱动力就转化为车体向前运动的动力；而动车的驱动力又经过车钩缓冲装置的连接作用传至拖车，实现了全列车的运行。

 地方链接

常州地铁1号线车辆的牵引装置由中心牵引销、牵引销座、锥形牵引橡胶套、牵引橡胶堆等构成，如图4-41所示。牵引装置的设计考虑了在脱轨状态下对转向架各部件的有效保护，各个方向都设有安全止挡及限位结构和装置：牵引装置设有垂向限位装置和整体起吊结构，在脱轨情况下垂向限位装置可以起到高度方向的限位作用，使得车体与转向架不会分离；牵引装置与构架间有纵向止挡，在脱轨情况下纵向止挡可以限制车体与转向架之间产生过大的纵向位移；二系横向止挡能够限制车体与转向架产生横向位移。

图 4-41　常州地铁 1 号线车辆的牵引装置

牵引电机传动装置为架悬式，如图 4-42 所示。

图 4-42　架悬式传动装置

练习题

一、填空题

1. 城市轨道交通车辆普遍采用_____摇枕结构的转向架。
2. 由于没有摇枕，必须依靠_____来实现城市轨道交通车辆传递纵向力和转向的功能。
3. 牵引叠层橡胶的特性是纵向较_____、横向_____，所以既能有效地传递_____，又能随空气弹簧做_____。
4. 中心销上端用螺栓固定在_____枕梁中心，下端插入_____孔中，能够自如地垂向运动和回转。
5. 传动装置主要包括_____、_____、_____等。
6. 根据牵引电机在转向架上配置的特征，传动装置大致可分为_____、_____、_____三大类。目前城市轨道交通车辆上采用得比较多的是_____。
7. 转向架上的齿轮箱为_____（填"加"或"减"）速齿轮箱，主动齿轮为_____（填"大"或"小"）齿轮，从动齿轮为_____（填"大"或"小"）齿轮。
8. 联轴器是用来连接不同机构中的两根轴（主动轴和从动轴），使之

_____以传递转矩的机械零件。

二、简答题

1. 牵引装置应具备什么功能？
2. 简述空气弹簧异常上升止挡的作用。

三、查一查

1. 查询并分析城市轨道交通车辆的垂向载荷、纵向牵引力、车体施加横向力的传递过程。
2. 分析动车转向架牵引电机的驱动力是如何传递的。

课题六 转向架认知实训

一、实训目标

（1）能正确判断转向架的类型。
（2）能说明转向架的结构。
（3）能正确指认各转向架的主要组成，并能描述其功能。
（4）学会利用相关专业书籍、网络等途径查询实训转向架的主要技术参数。

二、实训设备和工具

城市轨道交通车辆一辆及车辆实训设备。

三、实训过程

（1）分组实践，分组考核。
（2）独立完成实训考核，填写相关表格。

单元五

连接装置

单元导入

城市轨道交通车辆连接装置主要包括车钩缓冲装置和贯通道装置。通过车钩缓冲装置使列车车辆互相连接,实现相邻车辆之间的纵向力传递和通道的连接;通过贯通道实现两节车厢客室之间的柔性连接。随着列车运行速度的提高,以及乘客对乘坐舒适性要求的提高,车辆连接装置的作用变得越来越重要。

查一查

地铁列车车头下部有一个凸出来的部件(图 5-1 中椭圆部分),同学们知道这是起什么作用的吗?

这是车钩,用于实现两列车的连挂。车辆技术检修人员会定期对车钩进行打油,以保证其处于良好的工作状态。请你查一查,在什么情况下需要用到此车钩?

图 5-1 常州地铁列车

课题一 概 述

课题目标

（1）掌握轨道交通车辆连接装置的组成。
（2）熟悉轨道交通车辆连接装置各组成部分的作用。

车辆连接装置为车辆组成部件中一个必不可少的重要装置，从某种意义上来讲，正是由于车辆连接装置的存在，才将列车中各个车厢（车辆）连接组成了真正意义上的列车。

车辆连接装置主要包括车钩缓冲装置和贯通道装置，通过它们使车辆连接成列，并实现相邻车辆之间的纵向力传递和通道的连接。

图 5-2 所示是城市轨道交通车辆的车钩缓冲装置。车钩缓冲装置是车辆最基本的部件，也是最重要的部件之一，安装于城市轨道交通车辆车体底架的两端，用来连接车辆，使之成列并彼此保持一定的距离，传递和缓和列车在运行过程中或在调车时所产生的纵向力或冲击力。此外，车钩缓冲装置还可以实现车辆间的电路和气路连接。

车钩缓冲装置包括车钩和缓冲器两个部分，其中车钩用以实现牵引连挂，缓冲器用以缓冲牵引连挂时所产生的冲击和振动。缓冲器的工作原理是借助于压缩弹性元件来缓和冲击作用力，同时在弹性元件变形过程中利用摩擦和阻尼吸收冲击能量。

图 5-3 所示是城市轨道交通车辆的贯通道装置。贯通道装置位于城市轨道交通车辆两个车厢的连接处，可适应车厢之间可能产生的所有相对位移，并且应该具有良好的防雨、防风、防尘、隔声、隔热等功能，能使乘客安全方便地穿行于车厢之间，保护乘客不受外力伤害。另外，为使车厢内部美观，贯通道也要进行必要的装饰，使之与车厢内环境保持一致，给乘客一个舒适而温馨的乘车环境。

图 5-2 车钩缓冲装置

图 5-3 贯通道装置

一、填空题

1. 车辆连接装置主要包括_____和_____。
2. 车钩缓冲装置安装于城市轨道交通车辆车体底架的_____，用来连接车辆，使之成列并彼此保持一定的距离，传递和缓和列车在运行过程中或在调车时所产生的_____。
3. 车钩缓冲装置包括_____和_____两个部分。

二、判断题

车辆连接装置包括车钩缓冲装置和贯通道装置，通过它们使列车中车辆相互连接，实现相邻车辆横向力的传递和通道的连接。（　　）

三、简答题

简述车辆连接装置的组成及作用。

课题二　车钩缓冲装置

课题目标

（1）掌握车钩缓冲装置的作用和分类。
（2）掌握不同类型车钩缓冲装置的结构与特点。
（3）理解半自动车钩的工作原理。

车钩缓冲装置简称车钩或钩缓，是车辆连接最重要的部件之一，主要由车钩和缓冲器等零部件组成。其中，车钩主要起连接车辆的作用；缓冲器用来缓和车辆运行及调车作业时的纵向冲击力，吸收冲击能量，从而提高车辆运行时的舒适性和平稳性。

一、车钩缓冲装置的作用

车钩缓冲装置位于列车车辆底架的两端，用来连接列车中各车辆，使之彼此保持一定的距离；连通列车内部的机械、风路和电路，使车辆形成一个整体；传递和缓和列车在运行过程中或在调车时所产生的纵向力或冲击力；转动，使列车能够顺利通过曲线。

二、车钩缓冲装置的分类

1. 按连接特点分类

车钩缓冲装置按连接特点可分为非刚性车钩和刚性车钩。

(1) 非刚性车钩。

非刚性车钩允许两个互相连接的车钩钩体在垂直方向上有相对位移。当两个车钩的纵轴线存在高度差时，两个车钩呈阶梯形状，并且各自保持水平，在水平面内可以摆动。因此，这种类型的车钩是一种非密接式连接，车钩间隙会远大于 3 mm。非刚性车钩具有两车钩纵向中心线高度偏差大时也易相互连挂，强度大，不需对中装置，钩体结构和铸造工艺简单的特点，多用于货车或普速客车上。

(2) 刚性车钩。

刚性车钩不允许两个连挂车钩在垂直方向上有相对位移，如果在车辆连挂之前两个车钩的纵轴线高度已有偏差，那么在连挂后，两个车钩的纵轴线将处在同一条直线上并呈倾斜状态。两个车钩钩体的尾端完全绞接，可保证两个连挂车辆之间具有相对的水平和垂向角位移。所以这种类型的车钩为密接式连接，车钩间隙在 3 mm 以内。密接式车钩的特点是连接间隙小，磨耗小，减小了纵向力；改善了自动车钩零件的工作条件；降低了车钩冲击噪声；可避免发生事故时后面车辆爬到前一车辆上的危险。所以刚性车钩在动车组和城市轨道交通车辆上得到了广泛的应用。

非刚性车钩和刚性车钩的区别如图 5-4 所示。

(a) 非刚性车钩　　　　　　　　(b) 刚性车钩

图 5-4　非刚性车钩和刚性车钩的区别

2. 按各部分连接方式分类

按各部分连接方式不同，车钩缓冲装置分为全自动钩缓装置、半自动钩缓装置和半永久钩缓装置。一般一列车上都有这三类车钩，不同类型车钩对应列车的不同布置位置，具体运用如图 5-5 所示。全自动钩缓装置用于编组列车的端部；半自动钩缓装置用于不同编组单元间的连挂；半永久钩缓装置用于同一编组单元内部连挂。

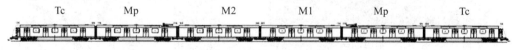

图 5-5　钩缓配置形式图

除北京、上海、广州等一线城市外，大部分城市的车辆均采用地铁 B 型车，B 型车是由两个列车单元（Tc – Mp – M）组成的 4 动 2 拖 6 辆编组列车，每个 Tc – Mp – M 为最小可动单元，当整列车解编为两个 Tc – Mp – M 最小可动单元时，每个 Tc – Mp – M 单元可自动形成端车回路，Tc 车可操控 Tc – Mp – M 单元。即

$$- Tc + Mp + M = M + Mp + Tc -$$

其中，"–"为全自动钩缓装置；"="为半自动钩缓装置；"+"为半永久钩缓装置。

(1) 全自动钩缓装置。

全自动钩缓装置简称全自动车钩，它位于列车端部，其电气、风路都组装在车钩上，如图 5-6 所示。车辆连挂时，机械、电路、风路自动接通，解钩可在驾驶室控制自动操作或手动操作，之后车钩处于待挂状态，电路断开，盖板自动关闭，风路自动关闭。动车组列车，如武汉地铁 2 号线，上海地铁 1、2、3 号线，广州地铁 3、4 号线等城轨列车均使用全自动车钩，方便列车的连挂和救援。

图 5-6　全自动车钩

(2) 半自动钩缓装置。

半自动钩缓装置（图 5-7）简称半自动车钩，它一般设置在列车编组两单元之间，主要用于两单元之间的连挂，有时也设置在列车端部，可以实现机械、气路的自动连接和分离，但电路的连接与分离需要人工进行，以便进行检修作业。由于全自动车钩的造价高、使用频率低，国内有一些城市的城轨列车采用半自动车钩，如北京地铁各线路，西安地铁 1、2 号线，成都地铁 1 号线，沈阳地铁 1 号线列车。

图 5-7　半自动车钩

图 5-8　半永久牵引杆

(3) 半永久钩缓装置。

半永久钩缓装置简称半永久牵引杆，用于同一编组单元内车辆之间的连接，确保机械连接和车辆主风管的连贯性，如图 5-8 所示。其机械、气路和电路的连接与解钩都需要人工操作。一般不分解，只有在维修时才需要分解。其特点是连接间隙小，刚度大，列车出轨时仍能保持相对位置，可防止重叠、颠覆，并可以支承连接通道。

3. 密接式车钩缓冲装置的不同制式

所谓车钩的不同制式，指的就是车钩的机械连挂和闭锁机构的原理不同。不同制式的车钩是不能连挂在一起的。

目前，国内常见的密接式钩缓装置主要有三种：第一种是日本的柴田式密接式车钩；第二种是德国的 Scharfenberg（夏芬伯格）型密接式车钩；第三种是我国产的密接式车钩，如由四方车辆所研制的 CG 系列车钩。

（1）日本柴田式车钩。

柴田式车钩的主要钩头形状为凸锥式，它通过一个在车钩头内可以旋转的半圆形钩锁实现车钩的密接式连接和锁闭，如图 5-9 所示。连挂时，对面车钩的凸锥会推动钩锁旋转，车钩面密贴到位后，钩锁在拉伸弹簧的作用下回复至倾斜位置，卡住连挂车钩的钩头体，实现连挂和锁闭。目前，我国使用这种车钩的车辆有 CRH-2 动车组、25T 型提速客车、北京地铁早期列车等。

（2）Scharfenberg 型密接式车钩。

Scharfenberg 型密接式车钩的主要钩头形式是棱锥式，如图 5-10 所示。它是由德国人 Karl Scharfenberg 于 1903 年发明的，在欧洲铁路和城市轨道交通中已经成为标准配置。Scharfenberg 型车钩近年来在中国铁路高速动车和城市轨道交通中也得到了广泛应用，如 CRH-1 动车组、CRH-5 动车组、CRH-3 动车组、上海地铁、广州地铁、深圳地铁、北京地铁等。

图 5-9　日本柴田式车钩

图 5-10　Scharfenberg 型密接式车钩

三、车钩缓冲装置的结构

1. 车钩缓冲装置的主要技术参数

车钩缓冲装置的主要技术参数有纵向拉伸屈服载荷、纵向压缩屈服载荷、最大主动对中角、最大垂直转角、压溃管行程及稳态力、缓冲器行程、过载保护螺栓触发力等，各钩缓装置因其设计要求不同，技术参数也不尽相同。以国产 CG-2 型车钩为例，其主要技术参数见表 5-1。

表 5-1　国产 CG-2 型车钩的主要技术参数

参　数	全自动车钩	半自动车钩	半永久车钩
纵向拉伸屈服载荷/kN	≥850	≥850	≥850
纵向压缩屈服载荷/kN	≥1 250	≥1 250	≥1 250
最大主动对中角	±15°	±15°	±35°

续表

参　数		全自动车钩	半自动车钩	半永久车钩
最大垂直转角		±6°	±6°	±6°
压溃管参数	行程/mm	295	295	330
	稳态力/kN	1 000	1 000	950
缓冲器行程		≤55	≤55	≤73
过载保护螺栓触发力/kN		1 200	1 200	—

2. 半自动钩缓装置的主要结构部件

半自动钩缓装置由连挂系统、压溃装置、缓冲装置和内置过载装置等组成，如图 5-11 所示。

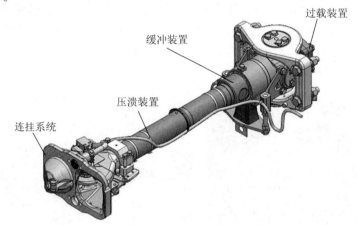

图 5-11　半自动钩缓装置（以国产 CG-2 型车钩为例）

（1）连挂系统。

国产 CG-2 型车钩的连挂系统采用 330 型密接式地铁机械钩头，集成机械连挂和风路连通的功能，能手动（或自动）进行解钩操作。

机械钩头内部由钩舌、连挂杆、回复弹簧、解钩手柄等构成（图 5-12），可确保两辆车的机械连接可靠。其表面有凸锥和凹锥，允许车钩自动对齐和同心，在水平和垂直方向提供一个大的连挂范围。

车钩有待连挂位（同时也是锁定位）和全开位两种状态。车钩的连挂利用可绕着中心销旋转的钩舌板和连

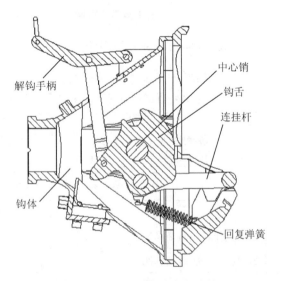

图 5-12　330 型钩头内部结构

挂杆完成。当车钩处于准备连挂状态时，车辆相对移动，两车钩相互撞击，钩体内部的钩舌等机构顺时针旋转，对方钩体的凸锥推动本钩钩舌等连挂机构旋转到最大角度，到达全开位，如图 5-13 所示。当车钩前端面密贴后，连挂杆前端的钩锁杆即卡入对面车钩的钩舌板缺口内，形成稳定的、间隙非常小的连接，对于新造的车钩，此间隙可以控制在 0.5 mm 左右。然后，车钩在弹簧的作用下迅速回复到锁定位，到达完全连挂后车钩连挂机构的位置状态。连挂所需的最小速度为 0.6 km/h。

钩头面配有一个宽而扁的边缘以吸收缓冲力。牵引力通过车钩锁（钩舌板、连挂杆）传递，牵引负载和缓冲载荷从钩头传出，通过车钩牵引杆，然后经过橡胶垫钩尾座缓冲后达到规定负载值。任何超出钩尾座吸收能力的载荷均会被传送至车厢底部。安装在车钩拉杆上的吸能装置可以缓冲冲击。

解钩既可在驾驶室内通过遥控自动完成，也可在轨道旁手动完成。司机操纵按钮，控制电磁阀使解钩风缸、充气风缸活塞杆推动钩舌顺时针转动，使钩体内部的钩舌及其他机构旋转到最大角度，到达全开位，然后车辆后退，两车钩正常分离。如图 5-14 所示，现场解钩时，只需人工扳动解钩手柄即可。解钩后，释放解钩手柄，在拉伸弹簧的作用下，钩舌板和连挂杆恢复至准备连挂状态。

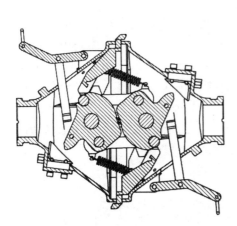

图 5-13　车钩在已连挂的位置状态

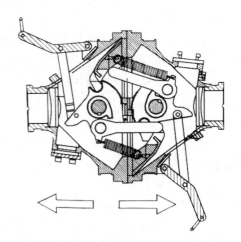

图 5-14　连挂机构在手动解钩时的位置状态

头车连挂系统钩体上装有自闭塞式风管连接器（在总风管、连挂面上方），如图 5-15 所示，它可以在列车连挂时自动连通列车管路，在列车分解时自动关断管路。

连接器的接口管（包括垫圈和套口）设计为高出车钩端面约 8 mm，车钩没有连挂时，总风管阀芯被后面的弹簧压紧，封住总风管。两车钩连挂后，车钩头前端面密贴，两车钩总风管接口内的阀芯顶杆互相压紧，克服阀芯后面弹簧的压力，使阀芯离开座面，两车钩上的总风管连通。

（2）连挂反馈。

机械车钩上方设有连挂反馈装置（图 5-16），当车钩连挂不到位或者意外脱钩时可以对驾驶室的信号进行反馈。

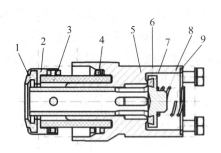

1—垫圈；2—套口；3—橡胶管；4、8—压簧；
5—阀室；6—橡胶环；7—阀挺杆；9—"O"形环。

图 5-15 风管连接器

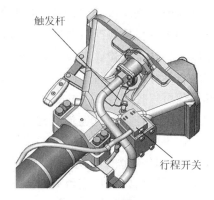

图 5-16 连挂反馈装置

当机械车钩处于待挂位或连挂位时，行程开关被触发杆压缩而触发，行程开关输出低电平。当机械车钩正常连挂时，钩舌带动触发杆转动至最大位置后立即回复到连挂位。在此期间，触发杆与行程开关短暂分离后复位，行程开关会短时输出高电平直至连挂到位。若机械车钩连挂后出现人为拉动解钩手柄等误操作时，触发杆会与行程开关分离，此时行程开关输出高电平，从而给列车监控系统提供信号信息。

（3）压溃装置。

半自动钩缓装置的压溃装置采用膨胀式压溃管。压溃管具有较大的能量吸收能力，当列车在运行或连挂过程中发生碰撞，钩缓装置受到的纵向压缩屈服载荷大于设定值时，压溃管就发生作用产生塑性变形（金属零件在外力作用下产生不可恢复的永久变形），最大限度地吸收冲击能量，以达到保证车上乘客人身安全和保护车辆设备的目的。

压溃装置上部设置了一个触发判断指示销，当压溃管触发时，指示销被剪断，由此来判断压溃管触发。图 5-17 所示为压溃装置结构示意图。

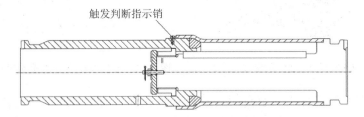

图 5-17 压溃装置结构示意图

在正常使用中，钩缓装置在牵引工况时，牵引载荷会通过压溃装置内部的刚性连接进行传递，变形元件不受影响；在压缩工况时，钩缓装置压缩载荷远低于压溃装置设定值，变形元件不发生动作，压缩能量由弹性缓冲器来吸收。如图 5-18 所示为压溃管的正常状态和触发状态。

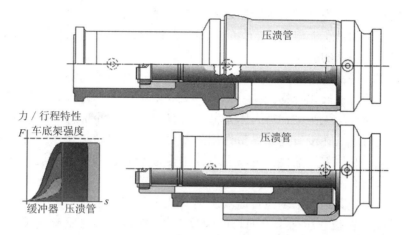

图 5-18　压溃管的正常状态和触发状态

（4）缓冲系统。

缓冲系统用于缓和车辆在运行过程中，由于牵引力的变化或在启动、制动及调车作业时车辆相互碰撞而引起的纵向冲击和振动。目前，国内典型的缓冲器有油脂润滑的环弹簧摩擦式缓冲器、液压缓冲器、橡胶缓冲器和弹性胶泥缓冲器。缓冲器在结构上与安装吊挂系统融为一体，承担钩缓装置的弹性缓冲、水平对中、垂直支承等功能。

橡胶缓冲器由橡胶垫装置和轴承座构成，如图 5-19 所示。橡胶垫装置由上壳体 3、下壳体 6、橡胶垫 9 和牵引杆 5 构成。轴承座配有平整的安装面和安装孔，并配有轴颈 1 和 8 以及免维护衬套以保证水平摆动。轴承座通过螺栓固定在车钩板上，橡胶垫装置位于轴承座内。

正常工作状态下，橡胶垫的变形行程（压缩 55 mm）受止动块 4、7 的限制。如图 5-20 所示为橡胶缓冲器在牵引力和缓冲力方向纵向移动的缓冲特性。在出现巨大撞击时，轴颈和上壳体之间的紧固螺钉将断开，车钩通过车辆底架下的轴承座得到保护。

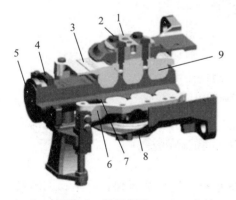

1、8—轴颈；2—紧固螺栓；3—上壳体；
4、7—止动块；5—牵引杆；6—下壳体；
9—橡胶垫。

图 5-19　橡胶缓冲器的结构

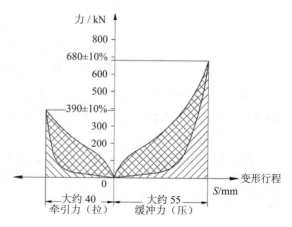

图 5-20　橡胶缓冲器的缓冲特性

目前技术水平较为先进的缓冲器是弹性胶泥缓冲器，其在法国、德国、波兰的高速列车、客车和货车上得到了成功的应用，在我国城市轨道交通列车和高速列车、客车上也得到了普遍的应用。

弹性胶泥缓冲器的缓冲介质是弹性胶泥材料。它是一种高黏度、可压缩、可流动的未经硫化的有机硅化合物，在 -80 ℃ ~ 250 ℃ 范围内具有较高的稳定性，并且无臭、无毒，对环境无污染，对人体无害。它有固、液两种状态，是车钩缓冲器理想的缓冲介质材料。在没有复原弹簧作用的条件下，利用其高弹性，可以实现缓冲器的复原回程；利用其压缩性，可以实现缓冲器的压缩行程；利用其良好的流动性，可以使缓冲器具有大容量、低阻抗。这种材料的流动黏度大小可根据实际使用需要进行调整，可以使其运动黏度比普通液压油大几十倍甚至上百倍。通过安装吊挂系统的拉压转换，在拉、压两个方向均能吸收 24 kJ 能量。相对紧凑式缓冲器常用的橡胶吸能元件而言，弹性胶泥缓冲器的寿命更长，能量吸收特性和舒适度更高。

弹性胶泥缓冲器主要由活塞和活塞杆、缸盖、充料阀、缸体等组成，如图 5-21 所示。其工作原理是将弹性胶泥材料装入缓冲器体内，根据需要施加一定的预压力，当缓冲器活塞杆受到一定的压力时，弹性胶泥受压缩产生阻抗力，并利用活塞的环形间隙（或节流孔）的节流作用和弹性胶泥材料的压缩变形吸收冲击能量。由于胶泥材料的特性，当弹性胶泥的预压力和活塞的运动速度越大时，阻抗力也就越大，这有利于提高缓冲器在大冲击下的容量，即冲击越大，缓冲器的容量就越大；冲击越小，缓冲器的容量就越小。当施加在活塞杆上的外力撤销后，弹性胶泥体积自行膨胀，将活塞推回原位。在这个过程中，弹性胶泥材料以较慢的速度通过活塞的环形间隙（或节流孔）流回原位，实现缓冲器的回程动作。

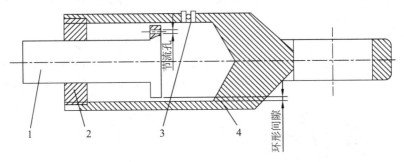

1—活塞和活塞杆；2—缸盖；3—充料阀；4—缸体。

图 5-21 弹性胶泥缓冲器的组成

弹性胶泥缓冲器的头部与车钩可以采用法兰连接或用成对连接环连接，尾部需要安装橡胶球关节来调节因线路曲线造成的车钩之间的高度差。

（5）安装吊挂系统。

在安装吊挂系统（图 5-22）时，支承装置支承整个钩缓装置保持水平；回转装置（图 5-23）为整个钩缓装置提供水平和垂直面内的转动自由度；对中装置使整个钩缓装置向纵向中心线回复，使其自动对中。

 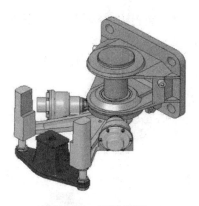

图 5-22　安装吊挂系统　　　　　图 5-23　回转装置

车钩必须能在水平面内产生一定的转动，以使车辆能顺利通过水平曲线，但是车钩在没有连挂的状态下，必须能保持在车辆纵向中心线的位置上，不能发生自由的横向摆动。车钩对中装置的功能就是使车钩在解钩状态下能回复至车辆纵向中心线的位置。使用得较多的是一种机械式对中装置，它由凸轮盘、滚轮和碟形弹簧等组成（图 5-24），碟形弹簧提供回复力，其提供回复力的角度范围为 $-15°\sim15°$。

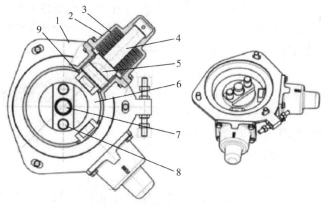

1—外壳；2—气缸；3—碟形弹簧；4—杆；5—辊；
6—凸轮盘；7—销；8—平行销；9—槽。

(a) 对中装置结构图

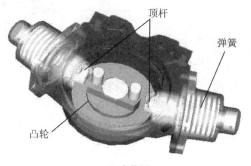

(b) 实物图

图 5-24　对中装置

机械对中装置将车钩保持在车辆的纵轴线上。在列车连挂时，保证两列车的车钩顺利连接。

（6）过载保护装置（图5-25）。

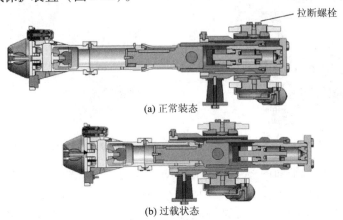

图 5-25　过载保护装置示意图

过载保护装置的关键元件是位于弹性胶泥缓冲器尾部的四个拉断螺栓。当发生重大事故时，内壳体与支架之间的螺栓连接将会分开，并使橡胶垫钩尾座的内部与车钩柄一起穿过支架后板的孔向后移动，使得钩缓装置内部结构与车体牵引梁分离，从而使受冲击车辆的防爬器和车体吸能区发挥作用。

当钩缓装置受到的冲击载荷大于拉断螺栓允许的触发力时，拉断螺栓（过载元件）（图5-26）会发生破坏甚至断裂，导致端盖与缓冲器壳体分离，缓冲器芯及压溃管会滑入缓冲器壳体内部，即车钩头向后方退行，实现过载功能。

图 5-26　过载元件

3. 全自动钩缓装置的结构

全自动钩缓装置与半自动钩缓装置的结构基本相同，只是在车钩的连挂系统上增加了电气连接装置，如图5-27所示。车钩在自动连挂时，能自动连通两列车的电气控制电路。

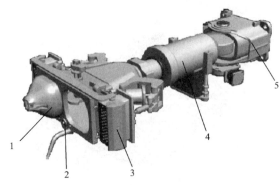

1—机械钩头；2—空气连接管；3—电气连接装置；4—缓冲器；5—钩尾座。

图 5-27　全自动钩缓装置

4. 半永久钩缓装置的主要结构部件

半永久钩缓装置分为 A、B 两个部分：A 部分为带有压溃管的半永久钩缓装置；B 部分为带有弹性胶泥缓冲器的半永久钩缓装置，中间采用卡环连接。两种半永久钩缓装置在列车小单元内部各个断面上成对使用，如图 5-28 所示。

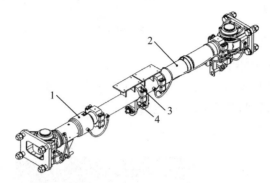

1—带缓冲器半永久车钩；2—带压溃管半永久车钩；3—卡环连接；4—风管连接器。

图 5-28　半永久车钩连挂示意图

 地方链接

常州地铁 1 号线车辆信息与技术要求介绍如下。

1. 车辆信息

常州地铁 1 号线车辆为 B 型车，共配备 36 列，每列车采用 4 动 2 拖 6 节编组，最高运行速度为 80 km/h，整列车设有 264 个座席，最大载客 2 000 余人。

2. 技术参数

车钩缓冲装置的技术要求如表 5-2 所示。

表 5-2　车钩缓冲装置的技术要求

功能特性	全自动车钩	半自动车钩	半永久牵引杆
压缩强度/kN	1 250	1 250	1 250
拉伸强度/kN	850	850	850
过载保护值/kN	900	—	—
车钩最大水平摆角	±25°	±45°	±40°
车钩最大垂直摆角	±6°	±6°	±6°
压溃管稳态力/kN	850	850	850
安装高度/mm	660	660	660

3. 选型设计

根据地铁车辆应用工况及技术要求，研制了密接式车钩缓冲装置。编组头尾两端采用全自动车钩，编组之间采用半自动车钩，内部采用半永久牵引杆。配置方式如图 5-29 所示。

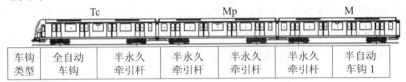

图 5-29　车钩配置方式

（1）全自动车钩缓冲装置。

全自动车钩缓冲装置位于列车编组的头尾两端（图 5-30），采用前置式安装，能实现机械、电气和气路的自动连接与分解，并且在需要时可手动将机械、电气、气路进行分解。

图 5-30　全自动钩缓装置实物图

连挂系统采用 CG-330 型密接式车钩，集成机械连挂装置、电气车钩和气路接口，能实现机械、电气、气路的自动连接与分解，并准确判断车钩连挂状态。

能量吸收部分由弹性体缓冲器和压溃管两部分组成。弹性体缓冲器用来吸收车辆正常连挂及运行过程中的冲击能量；压溃管用来吸收车辆在发生意外碰撞时的冲击能量。其中，压溃管为不可恢复变形能量吸收装置。弹性体缓冲器为可恢复变形能量吸收装置。双作用式结构，能够减小缓冲盲区，拉、压转换过程中无刚性冲击，降低车辆的纵向冲击，提高旅客乘坐的舒适性。其结构简单，受力合理，具有较高的使用寿命，且使用维护简单、成本较低。弹性体缓冲器内部设计有过载保护装置，当车钩受到过大冲击力时，车钩可以与缓冲器安装座分离，并向后方滑动，保护车辆、人员及财产不受损失。此外，车钩上方设置有不锈钢踏板。

（2）半自动车钩缓冲装置。

半自动车钩缓冲装置（图 5-31）在列车中间，采用前置式安装，能实现机械和气路的自动连接，并且在需要时可手动将机械、气路进行分解。

半自动车钩缓冲装置分为两个部分：一部分由 CG-330 型车钩、压溃管和弹性体缓冲器组成；另一部分由 CG-330 型车钩、牵引杆和弹性体缓冲器组成。两个部分在列车单元内部配对使用。

缓冲器结构与全自动车钩用缓冲器类似，但不具备过载保护装置。

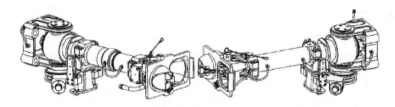

图 5-31　半自动车钩缓冲装置示意图

（3）半永久车钩缓冲装置。

半永久车钩缓冲装置（图 5-32）用于单元内部两车之间的连接，其连接和分解均需人工手动操作。

半永久车钩缓冲装置分为两个部分：一部分采用压溃管和弹性体缓冲器组合方案；另一部分采用弹性体缓冲器和牵引杆组合方案。两个部分在列车单元内部配对使用，采用卡环连接。

半永久钩缓装置采用直通式气阀，通过连接座固定安装于卡环下。在半永久车钩组装完成后，气阀自动对接，功能可靠，满足使用需求。

缓冲器结构与半自动车钩用缓冲器类似，且大部分零件均可互换，不具备过载保护装置。

图 5-32　半永久车钩缓冲装置

 练习题

一、填空题

1. 车钩缓冲装置按连接特点，可分为_____和_____。
2. 车钩缓冲装置按各部分连接方式不同，可分为_____、_____、_____和_____。
3. 半自动钩缓装置由_____、_____、_____和_____等组成。
4. _____的机械、气路和电路的连接与解钩都需要人工操作，一般只有在维修作业时才进行分解。
5. _____可以实现机械、气路和电路的完全自动连挂与解钩，或人工解钩。
6. 查找资料，B 型车的车钩高为_____，A 型车的车钩高为_____。
7. 自动车钩有待连挂位、_____位和_____位三种状态。

二、简答题

1. 车钩缓冲装置主要有哪些组成部分？各有什么作用？
2. 从在列车编组中的位置以及连挂、解钩作用两个方面分析全自动车钩钩缓装置、半自动车钩钩缓装置与半永久车钩钩缓装置的区别。
3. 查找资料，对比城市轨道交通车辆的车钩缓冲装置与普通铁路的车钩缓冲装置的不同。

三、识图题

1. 图 5-33 为 330 型车钩内部结构，写出各部分名称。

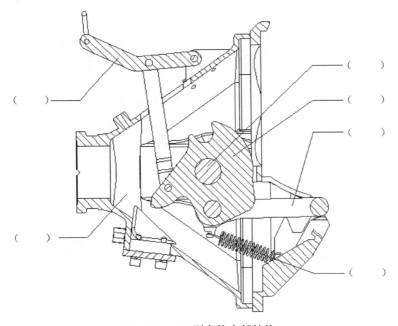

图 5-33　330 型车钩内部结构

2. 写出图 5-34 中箭头所指的车钩类型。

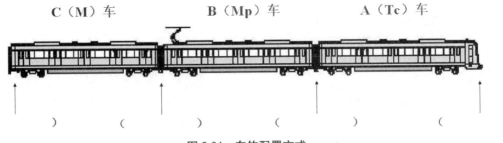

图 5-34　车钩配置方式

3. 写出图 5-35 所示车钩缓冲装置的类型以及各部分的名称。

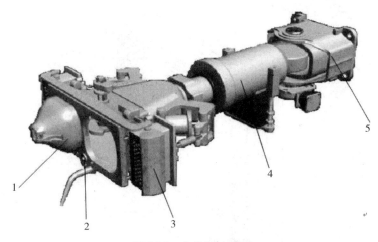

图 5-35 车钩缓冲装置

车钩缓冲装置类型_____
1._____ 2._____ 3._____ 4._____ 5._____

课题三 贯通道装置

 课题目标

(1) 理解贯通道的作用。
(2) 能指认贯通道的结构。
(3) 理解贯通道的工作原理。

一、贯通道装置的作用

贯通道装置也称风挡装置,位于两节车厢的连接处,是两个车辆通道的连接部分。它能起到安全防护作用,并具有良好的隔热、隔声、防尘、防雨功能,可保证乘客能随时安全、方便地从一个车厢到另一个车厢,拓宽了乘客的活动空间和视觉空间,还可以适应车体在任何转弯及穿越路口时车厢之间产生的移动。

二、贯通道的机械结构

贯通道主要是由安装框组件、棚布体组件、侧护板组件、踏渡板组件、棚板组件五大部分构成,如图 5-36 所示。内部道净宽 1 300 mm,净高 1 900 mm。

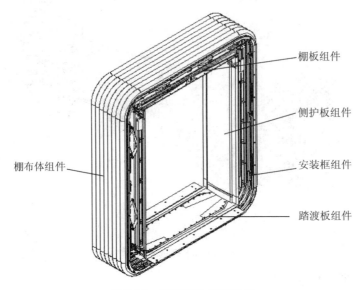

图 5-36　贯通道的机械结构

通道地板采用高强度优质不锈钢扁豆花纹板,具有防滑作用。侧护板采用高强度铝型材经表面喷漆而成。棚板采用高强度轻质铝合金(表面喷漆)制成。贯通道内部颜色与客室内饰颜色搭配协调一致,保证了车辆通道的舒适性、安全性、可靠性。

1. 棚布体组件

棚布体组件由内外两层构成,外部采用型材与棚布密封夹装组成,内部采用棚布与型材铆接方式,与端墙安装框架通过压板组件连接锁紧,如图 5-37 所示。棚布符合 BS 6853:1999 的防火要求。

折棚由多折环状棚布缝制而成,每折环的下部设有两个排水孔,如图 5-38 所示。折棚体选用特制的阻燃、高强度(抗拉强度≥1 000 daN/5 cm,即每 5 cm 的破断力不小于 1 000 daN,1 daN = 10 N)、耐老化材料制成,在 -35 ℃ ~ 45 ℃ 范围内能够正常使用。棚布采用双层中空式结构,大大提高了风挡的隔声、隔热性能。折棚体各折缝合边用铝合金型材镶嵌,折棚体通过锁闭机构与连接框相连。

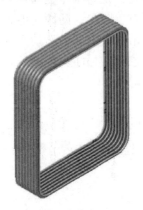

图 5-37　贯通道的棚布体组件

图 5-38　折棚体的排水孔

2. 侧护板组件

侧护板组件由连杆机构、不锈钢板、铝合金型材、进口装饰贴、上下挡尘橡胶板、端墙固定座等构成，如图 5-39 所示。

侧护板采用了三板块滑动结构，由后部组合连杆结构使三板块形成一个整体结构，安装及拆卸简单方便，不需使用专业工具，经久耐用，结构更加合理，整体更加美观。

3. 渡板及踏板组件

渡板及踏板组件由不锈钢防滑板、不锈钢磨砂板、连杆结构、踏板支承座、折页铰链、耐磨条组成，如图 5-40 所示。支承座与端墙固定，踏板一端与车体地板面用螺钉连接。

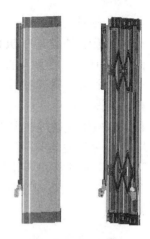

图 5-39　贯通道的侧护板组件

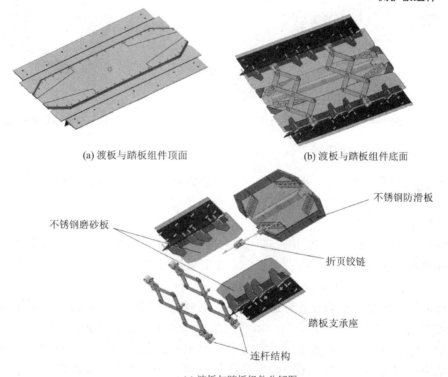

(a) 渡板与踏板组件顶面　　(b) 渡板与踏板组件底面

(c) 渡板与踏板组件分解图

图 5-40　贯通道的渡板与踏板组件

渡板装置放在两个踏板上面，与渡板连杆安装在一起，连杆机构分别用螺钉固定在两车端，渡板置于其上，连杆机构上设有渡板对中装置，在车辆运行时渡板不会偏移。渡板为花纹不锈钢板，踏板为不锈钢板，各相对滑动面间设有磨耗条。渡板与踏板装置能够保证追随和适应连挂车辆运行过程中的各种复杂运动，其有足够的强度与刚度，能够确保乘客安全通过，并为站立的旅客提供安全的空间，能承受 9 人/m^2 的压力负荷（每人的静载荷按 60 kg 计算），表面无突起物及障碍物。

4. 棚板组件

棚板组件由连杆机构、铝合金型材、折页铰链、定位座、耐磨条等组成，如图 5-41 所示。定位座直接与车体端墙固定安装。

每个通道棚板由两个端梁、两个边护板、两个连杆架和一个中间护板组成。棚板内侧设有菱形连杆机构，使车辆在运行时中间护板始终保持在中间位置，不会偏移。棚板组成通过边框用螺钉固定在车体端墙上。

5. 安装框组件

安装框组件由连接框、密封条、压板等组成，通过螺钉与车体端墙连接固定，如图 5-42 所示。连接框与端墙结合面处涂有密封胶，以保证车辆具有良好的密封性。

图 5-41 贯通道的棚板组件

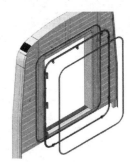
图 5-42 贯通道的安装框组件

三、贯通道的工作原理

贯通道采用了侧护板、棚板结构，使整个折棚风挡形成双层结构，起到了隔声隔热的作用，并与客室内结构协调统一，使整体更加美观。该风挡结构坚固，操作方便，耐用，实用性强。

隔声量为大于或等于 30 dB，选用的材料符合 DIN 5510 防火安全标准并达到了防锈蚀要求，燃烧后不产生有毒性气体。主要金属件的寿命为 30 年，折棚布的寿命为 15 年，易损易耗件的寿命不小于 7.5 年。

通道的位移量与车辆在各种运行条件下通过曲线的位移量相适应。通道能顺利通过最不利条件的组合（竖曲线、水平曲线及车速），能通过曲率半径 $R = 150$ mm 的曲线，包括 S 弯道。水密性试验符合 IEC 61133 标准。一侧空气弹簧发生故障时，运营结束后通道不会损坏。通道经曲线通过试验检查，不得有零件损坏或运动受到限制的情况。

 地方链接

常州地铁 1 号线车辆贯通道装置如下。

一、主要组件

贯通道位于两节车体之间，具有良好的防雨、防风、防尘、隔音效果，具有车体连接功能、车厢内部导通功能、承载部分乘客功能等。贯通道主要由顶板、折棚、侧墙、踏板等组成，如图 5-43 所示。一列 6 辆编组的列车配有 5 套完整的贯通道，每套贯通道安装在相邻的车端部，贯通道支撑采用自支撑的方式。

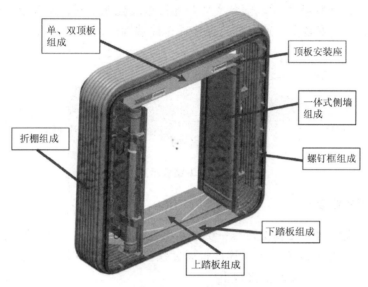

图 5-43　贯通道组成

二、折棚组成

折棚由柔韧的棚布材料组成且开口向内。棚布由特殊材料做成并由折弯铝框连接起来。折棚两末端由棚布与连接框连接。每个连接框都有两组圆孔来拴挂收紧绳。折棚组成如图 5-44 所示。

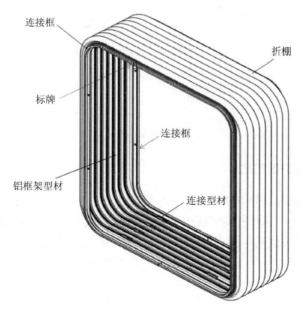

图 5-44　折棚组成

三、下踏板组成

下踏板总成由两个安装支架、一块不锈钢花纹连接板、一个铰链及一块不锈钢踏板面组成，如图 5-45 所示。安装支架与连接板装配在一起，连接板通过螺钉连接在车体地板面上，安装支架通过螺钉连接在车体端墙面接口上。

图 5-45　下踏板示意图

四、上踏板组成

上踏板总成由两个安装支架、一块不锈钢花纹连接板、三块分体踏板面、铰链及磨耗条组成，如图 5-46 所示。连接板通过螺钉安装到车体地板面上，两个安装支架通过螺钉安装到车体端墙面接口上。

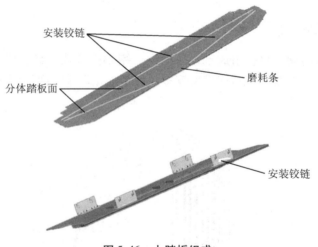

图 5-46　上踏板组成

五、一体式侧护板组成

一体式侧墙组成是由转轴机构体及柔性侧护板组成。它通过转轴机构体中的弹簧（弹簧在转筒内）伸缩来实现面板的收缩、舒展运动，通过该机构，柔性侧护板能够适应车体的相对运动。通过螺钉将转轴机构体的安装座与车体接口连接。侧护板如图 5-47 所示。

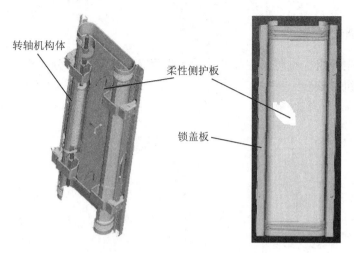

图 5-47 侧护板示意图

一、填空题

1. 贯通道装置也称风挡装置，位于两节车厢的_____，是两个车辆通道的连接部分。它能起到安全防护作用，并具有良好的_____、_____、_____、_____功能。

2. 贯通道主要是由_____、_____、_____、踏渡板组件、棚板组件五大部分构成。内部道净宽_____ mm，净高_____ mm。

二、简答题

简述贯通道的结构及作用。

课题四　连接装置认知实训

一、实训目标

（1）能正确判断车钩缓冲装置的类型。
（2）能正确认识车钩缓冲装置的结构及各部件作用。
（3）能认识贯通道装置的结构及各部件功能。
（4）学会利用相关专业书籍、网络等途径查询实训车辆车钩的有关参数。

二、实训设备和工具

城市轨道交通车辆车钩缓冲装置实训设备。

三、实训过程

(1) 学生分组,对照车钩缓冲装置实训设备,指认各部分名称并说明其作用。
(2) 分组考核。

单元六

制动系统

 单元导入

城市轨道交通车辆的制动系统对城市轨道交通车辆的安全运营、正点率起着决定性作用，制动系统一直是车辆系统设计的关键技术和热点问题。了解并掌握制动系统的基本构成和关键技术对制动系统的正确运用和保养维修有着举足轻重的作用。

 查一查

制动系统即刹车系统。在遇到紧急情况时，司机通过控制手柄（图6-1）能使高速运行的列车停下来。"红小梦"在制动时尝试电制动能源回馈方式，把制动产生的能量转换为电能反馈至电网中。地铁列车那么长，司机是怎样停得又稳又准的呢？请查询有关资料。

图6-1 司机控制器上的控制手柄

课题一 概 述

课题目标

（1）了解城轨交通车辆制动系统的发展。
（2）掌握列车制动的基本概念。
（3）理解制动系统的设计要求。

近年来，地铁车辆快速发展，运行速度由最初的 60 km/h 逐渐提高到 80 km/h、100 km/h，甚至更高。地铁运行站间距较短，启动、停车频繁，为保障行车效率，要求车辆具有较大的启动加速度和制动减速度。车辆在高速运行时必须依赖制动控制系统调节列车运行速度和及时准确地在预定地点停车。地铁载客量大，乘客上下车频繁，要保证列车安全运行，就必须要求地铁具有很高的制动性能。因此，制动控制系统是地铁车辆必不可少的组成部分，列车的制动能力是列车运营安全及运输能力的根本保证。

一、城轨交通车辆制动系统的基本概念

1. 制动的本质

如图 6-2 所示，对于城市轨道交通车辆来说，制动力的施加可使正在运行的列车迅速减速或停车，也可以避免长时间停放的列车因重力作用或风力吹动而溜车。

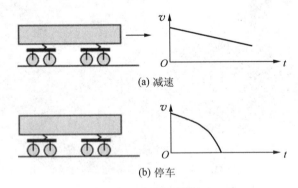

图 6-2　列车减速或停车

从能量的角度看，制动的实质就是列车动能的耗散或转移。

2. 制动与缓解

制动是指人为地通过制动装置使车辆减速或阻止其加速的过程。从能量变化的角度分析，制动过程是一个能量转移的过程，是将车辆运行所具有的动能人为地转化为其他形式能量的过程。

制动力是使车辆减速或阻止其加速的外力。制动机是产生并控制制动力的装置。

缓解是对已经施行制动的车辆解除或减弱其制动作用。对于运动的车辆而言，在停车后启动加速前或运行途中限速制动后加速前均要解除制动作用，即施行缓解作用。

3. 城轨交通车辆的制动装置

城轨交通车辆的制动装置是在城轨交通车辆中产生制动力，使列车减速、停车的一套机械、电气装置，一般将其机械装置称为基础制动装置，而将其电气控制部分称为制动机。

城轨交通车辆制动装置的性能优良与否对保证城轨交通车辆安全和正点运行具有极其重要的作用。制动装置也是保证列车与乘客的安全、提高车辆运行速度与线路输送能力的重要条件之一。

二、城轨交通车辆制动系统的要求

城轨交通车辆制动系统应具备以下几点要求。

（1）制动装置要能产生足够的制动力，保证城轨交通车辆在规定的制动距离内停车，一般城轨交通车辆的制动距离是 300 m。

（2）制动装置能方便司机灵活操纵、动作迅速、停车平稳准确，车组前后车辆的制动、缓解作用一致。

（3）新型城轨交通车辆普遍采用电制动和空气制动的联合制动方式。

（4）能确保城轨交通车辆在长、大坡道上运行时，制动力不衰减，能使列车匀速平稳下坡。

（5）制动装置能根据客流量的大小，自动进行空、重车制动力大小的调整，减少制动时的纵向冲击。

（6）具有紧急制动性能。遇到紧急情况时，能使电动车组在规定距离内安全停车。紧急制动作用除由司机操作外，必要时还可由行车人员利用紧急停车按钮（紧急阀）进行操纵。

（7）电动车组在运行中发生诸如列车分离、制动系统故障等危及行车安全的事故时，应自动进行紧急制动。

综上所述，对轨道交通运输来讲，制动系统有着非常重要的作用。制动系统作用的可靠性是列车行车安全的基本保证。列车因故障不能出发不会有什么危险，若在运行中因制动装置故障不能停车，则后果是不堪设想的。对现代轨道交通而言，制动的重要作用早就不仅仅是安全的问题了，制动已经成为限制列车运行速度和牵引重量进一步提高的重要因素。现代轨道交通列车正朝着高速重载方向发展，运行速度越高，牵引重量越大，需要的制动力也就越大。如果只提高运行速度及牵引重量而没有更大功率的制动装置来保证，结果列车只能跑而不能停，其高速重载就不可能实现。

三、城轨交通车辆制动系统的发展

城轨交通车辆制动系统的发展大概经历了以下四个阶段。

(1) 早期的人工制动系统时代（1881年—20世纪初期）。

早期的城轨交通车辆有轨电车和地铁主要采用人工制动系统。人工制动以人力作为动力来源，通过司机或制动员绞动制动钢丝，以手轮的转动方向和手力大小来控制，每个车或几个车配备一名制动员，按司机笛声号令协同操纵，使木制的闸瓦紧靠车轮踏面，进而使车辆减速或停车。人工制动系统的缺点是：方法比较原始，制动力弱，作用缓慢，可靠性差，容易出现钢丝断裂和车辆失控事故。

(2) 单一空气制动系统时代（20世纪初期—20世纪30年代）。

随着20世纪初科学技术的发展，出现了空气制动系统，即所谓的空气制动机，其用压力空气作为制动的动力来源，并直接用压力空气的压力变化来实现列车的制动和缓解作用。

在很长一段时间里，这种单一通过空气压力产生制动力，并由空气压力波控制制动和缓解的空气制动系统得到了广泛的应用。但是由于司机发出的制动指令是靠列车管内的压力变化来传递的，指令传递速度受空气波速的限制。对于比较长的列车和制动频繁的城市轨道交通车辆来说，经常出现前后车辆制动动作在时间上不一致，导致列车纵向冲动比较剧烈，乘客乘坐舒适度差；而且经常损伤车钩，造成一定的机械故障，增加了检修维护工作量。单一空气制动系统的缺点是：制动指令传递受空气压力波速限制，指令传递速度较慢，制动和缓解一致性差，易造成纵向冲动，舒适性差，易损伤车钩，容易造成机械故障。

(3) 早期电磁空气制动系统时代（20世纪30年代—20世纪中期）。

20世纪30年代，在欧美和日本出现了采用电信号来传递制动和缓解指令的制动控制系统，它是在空气制动机的基础上加装电磁阀等电气控制部件而形成。它的特点是：制动作用的操纵控制用电，但制动作用的原动力还是压力空气。这种系统被称作电磁空气制动机，简称电-空制动机。因为电信号的传输速度比空气波动速度快得多，相对于空气制动机来说，电磁空气制动系统的主要优点是：全列车制动和缓解的一致性好，制动和缓解时的纵向冲动小，制动距离短，车钩受力小，乘客乘坐舒适性好。其缺点是：电磁阀控制制动和缓解功能单一，制动力调节幅度受限，无动力制动配合，不能精确控制制动力。

(4) 现代微机控制电气指令式制动系统时代（20世纪中期至今）。

20世纪40年代后期，日本在电动车组中使用了动力制动（电制动）与带电磁阀的直通空气制动相配合的综合制动方式，其反应性、一致性和控制性都比较好，而且使用方便。

20世纪50年代以来，随着电力电子技术和微机控制技术的发展，电磁空气制动系统中的电气指令控制部分进行了很多技术革新，制动控制技术水平突飞猛进。

从20世纪60年代起，电气和电子产品的可靠性提高，给制动技术带来了新的发展。随着反应性以及与动力制动的协调性等性能的飞跃改善，制动系统的许多性能得到了进一步优化。数字式和模拟式电气指令式制动系统具有小型轻量化的优点，因大幅度削减了空气配管、便于安装而备受青睐，并逐渐取代了电磁阀式直通电-空制动机。

随着早期单一电磁空气制动系统的大规模应用,电气指令式制动控制技术也在不断地改进,从开始的单一控制电磁阀的励磁和消磁,到有效协调动力制动和空气制动,制动控制技术达到了一个新的发展水平。大功率电力电子元件的出现使电气再生制动成为可能;电力电子变流技术和微机技术在电气指令控制系统中的应用,使得制动系统的电气制动力和空气制动力都能够得以精确控制,并且通过微机控制技术使两者之间可以根据预先理论分析得出的制动优化控制策略,实现有效协调工作。在应用微机技术后,制动防滑系统也使车辆在对黏着的利用方面达到了最优化。

现代城轨交通车辆制动系统是一个融合多学科理论和多项科学技术的系统,制动控制技术已经能够精确控制制动力,制动系统越来越节能环保,也更人性化,更安全可靠。

一、填空题

1. _____是指人为地通过制动装置使车辆减速或阻止其加速的过程。从能量变化的角度分析,制动过程是一个_____的过程,是将车辆运行所具有的动能人为地转化为其他形式能量的过程。
2. _____是对已经施行制动的车辆解除或减弱其制动作用。
3. 制动装置要能产生足够的制动力,保证城轨交通车辆在规定的制动距离内停车,一般城轨交通车辆的制动距离是_____。

二、简答题

1. 分别解释制动、制动力、缓解的概念。
2. 城轨交通车辆制动系统的发展大概经历了哪些阶段?

课题二 制动系统的组成

(1) 掌握城轨交通车辆制动系统的组成。
(2) 掌握风源系统的组成。
(3) 了解螺杆式空气压缩机的结构及工作原理。
(4) 理解制动控制系统的作用。
(5) 掌握基础制动装置的工作原理。

为了能施行制动或缓解制动,需要在列车上安装一整套完整可操纵的并能进行控制和执行的系统,该系统称为列车制动系统。在普通铁路机车车辆上,它通常分成机车制动系统和车辆客车、货车制动系统。由于城轨交通车辆与铁路车辆的编组形式不同（城轨交通车辆一般采用动力分散型的动车组形式），一般由动车和拖车组成，因此也可按其编组形式的不同分为动车制动装置和拖车制动装置。无论机车、客车、货车，还是动车、拖车，各种车辆都有自己的一套完整的制动装置，在列车运行过程中起着制动和缓解的作用。操纵全列车制动功能的设备一般安装在机车或列车两端带司机室的头车上（动车组），头车既可以是拖车也可以是动车。由制动装置产生的与列车运行方向相反的外力称为制动力，这是人为的阻力，它比列车在运行过程中由于各种自然原因产生的阻力要大得多，因此尽管列车在制动减速的过程中会产生列车运行阻力（自然阻力），但主要起制动作用的还是列车制动力。

制动系统一般由风源系统、制动控制系统和基础制动装置三个部分组成，如图 6-3 所示。其中，风源系统提供空气制动所需的压缩空气；制动控制系统接收制动指令，控制和协调制动的施加和缓解；基础制动装置动作产生制动效果。

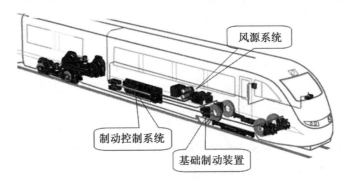

图 6-3　制动系统的组成

一、风源系统

风源系统是向列车制动系统、列车辅助用风设备提供所需高质量、洁净、干燥、稳定的压缩空气。风源系统包括主空气压缩机组、空气干燥器、风缸、安全阀等。每列车有两套风源系统，安装于列车底架上，互为备用。

1. 主空气压缩机组

主空气压缩机组包括空气压缩机和驱动电机，两者通过联轴器连接。空气压缩机（简称空压机）有活塞式和螺杆式两种。螺杆式空气压缩机由于具有可靠性高、操作维护方便、动力平衡性好、适应性强等特点，被广泛应用于列车制动风源系统中。

螺杆式空气压缩机的螺杆组由两个互相啮合的螺旋形转子组成，转子为一对互相啮合的螺杆，螺杆具有非对称啮合型面。主动转子为阳螺杆，从动转子为阴螺杆。其中阳螺杆为凸形不对称齿，而阴螺杆为瘦齿凹形齿。螺杆组啮合剖面如图 6-4 所示。螺杆式空气压缩机结构如图 6-5 所示。两螺杆的齿断面形线是专门设计并经过精密磨削加工的，在啮合过程中两齿间始终保持零间隙密贴，形成空气的挤压空腔。常用的主副螺杆齿数比依压缩机容量不同而有所不同，为 4∶5、4∶6 或 5∶6。两个互相啮合的转子在一个只留有进气口的铸铁壳体里面旋转，螺杆的啮合和螺杆与壳体之间的间隙通过精密加工严格控制,并在工作时向螺杆内喷压缩机油,使间隙被密封,并将两个转子的啮合面隔离,防止机械接触摩擦。另外,不断喷入的机油与压缩空气混合,带走压缩过程所产生的热量,维持螺杆副长期可靠地运转。当螺杆副啮合旋转时,从进气口吸气,经过压缩从排气口排出,得到具有一定压力的压缩空气。

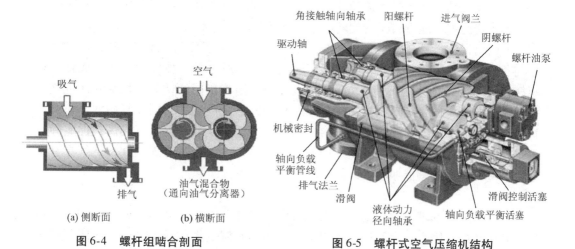

图 6-4　螺杆组啮合剖面　　　　　图 6-5　螺杆式空气压缩机结构

螺杆式空气压缩机主机的工作循环分为吸气、压缩、排气三个过程。随着转子旋转,每对相互啮合的齿相继完成相同的工作循环,如图 6-6 所示。

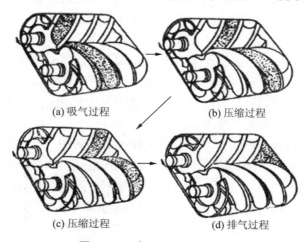

图 6-6　一个工作循环示意图

(1) 吸气过程。随着转子的旋转,转子齿的一端逐渐脱离啮合而形成齿间容积,这个齿间容积逐渐扩大,在其内部形成一定的真空,而齿间容积仅与吸气口连通,空气在压差的作用下流入其中。随着转子的旋转,齿间容积达到最大后不再增加,齿间容积在此位置与吸气口断开,吸气过程结束。

(2) 压缩过程。随着转子的旋转,齿间容积由于转子齿的啮合而不断减小。被密封在齿间容积中的空气所占据的容积也随之减小,导致压力升高,从而实现对空气的压缩。压缩过程可一直持续到齿间容积即将与排气孔口接通之前。同时，大量的润滑油被喷入齿间容积中，与所压缩的空气混合，起到润滑、密封、冷却和降噪的作用。

（3）排气过程。齿间容积与排气孔口连通后，即开始排气过程。随着齿间容积不断减小，具有排气压力的空气逐步通过排气孔口被排出，此过程一直持续到齿末端的型线完全啮合。此时，齿间容积内的空气通过排气孔口被完全排出，封闭的齿间容积将变为零。随着转子的旋转，重新开始新的工作循环。

上面所讲的螺杆式空气压缩机的工作原理，是把工作过程分成为吸气、压缩、排气三个阶段界限清晰地逐一介绍。实际上压缩机螺杆的工作转速很快，而且主动螺杆和从动螺杆的每一个沟槽，在运转过程中承担着相同的任务，将空腔在进气侧打开吸进空气，再将其带到排气侧压缩后排出。这是高速的、周而复始的工作，而且螺旋状的前一个沟槽的后面相邻沟槽的同一个工作阶段，尽管有先后，但实际上是重叠发生的。这一工作原理使螺杆式空气压缩机的工作具有连续性，供气具有平稳性，保证了其具有低振动和高效率的特点。

2. 空气干燥器

空气干燥器的基本原理是：吸附过程是一个平衡反应，即在吸附剂（干燥剂）和与其接触的压缩空气之间湿度趋于平衡，而相对湿度大的压缩空气与吸附剂的表面接触时，由于吸附剂具有大量微孔，与空气的接触面积大，吸附剂可以大量、快速地吸附压缩空气中的水蒸气分子，达到干燥压缩空气的目的；再生过程也是一个平衡反应，使吸附剂再生的吹扫气体是由具有较高压力的压缩空气膨胀而来，膨胀时，空气体积增大而压力减小，获得的吹扫气体的相对湿度较低，因而易于"夺"走吸附剂上已吸附的水蒸气分子，使吸附剂恢复干燥状态，达到再生的目的。其特点是在压力下吸附，在大气或负压下再生。所以，对任何一种吸附剂来说，它与被吸附的水蒸气的关系是，温度越低，压力越高，单位吸附剂所吸附的水分量就越多；反之，吸附量少。简言之，其原理为"压力吸附与无热再生"。常用的吸附剂有硅凝胶、氧化铝、活性炭及分子筛等。

空气干燥器一般都是塔式的，有单塔式和双塔式两种。近几年，一些城轨交通车辆上开始应用膜式空气干燥器。压缩空气在膜式空气干燥器内进行净化、干燥处理，达到所要求的空气质量。图6-7所示为膜式空气干燥器内部结构。

在正常状态下，输入的压缩空气首先经过三通球阀，再经过汽水分离器、精密过滤器、超精密过滤器，除去压缩空气中的大颗粒悬浮液态水滴和液态的压缩机油滴，经过初步净化的压缩空气进入膜式干燥器内，在膜式干燥器内除去水分，对压缩空气进行干燥处理，输出符合技术要求的压缩空气。

当空气压缩机开始工作时，排水电磁阀得电关闭阀口，膜式干燥器开始工作，通过三个过滤器分离出来的油、水及其他杂质混合液蓄积，当空气压缩机停止工作时，排水电磁阀失电打开阀口，蓄积的液体在气体的作用下喷出，达到强制排水的目的。

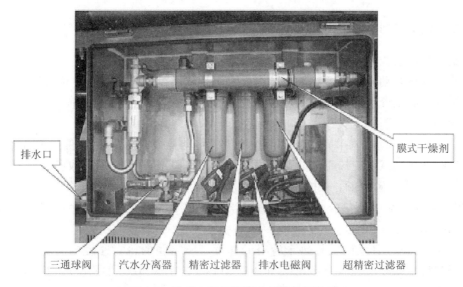

图 6-7 膜式空气干燥器内部结构示意图

3. 风缸

风缸是用于储存压缩空气的。风缸由钢板制成,具有很高的耐压性,是一种高压容器。风缸容积较大,带安全阀的主风缸如图 6-8 所示。地铁车辆有各种风缸,如上海地铁一号线直流制列车每节车上有四个风缸:一个 250 L 总风缸,一个 100 L 空气悬挂系统风缸,一个 50 L 制动风缸,以及一个 50 L 气动车门风缸。此外,带有空气干燥塔的 C 车增加一个再生风缸。上海地铁交流制列车每节车上有五个风缸:一个 100 L 主风缸,一个 100 L 副风缸,一个 60 L 气动车门风缸,以及两个空气悬挂系统风缸。

图 6-8 带安全阀的主风缸

此外,带受电弓的 B 车还增加一个 5 L 小风缸,用于紧急情况下的升弓操作。

4. 安全阀

当总风管气压升至(950 + 95)kPa 时,安全阀阀口应开启排风;在总风管气压降至单元制动缸气压(950 - 95)kPa 之前,安全阀阀口关闭。

5. 双针压力表

司机控制台上装有双针压力表,如图 6-9 所示。双针压力表的一个指针指示总风管压缩空气压力;另一个指针指示头车通向 1 位端转向架上单元制动缸的制动压力。

图 6-9 双针压力表

二、制动控制系统

制动控制系统用于接收司机或 ATO/ATP 给出的制动指令，产生、传递制动信号，并对各种制动方式进行制动力分配、协调，从而控制车辆的制动和缓解。

制动控制系统包括电子制动控制单元（EBCU）、空气制动控制单元（BCU）和电气指令制动控制单元。

（1）电子制动控制单元。EBCU 包括微机制动控制和车轮防滑保护电子单元，它是气制动控制系统的核心部分。通过多功能列车总线（MVB）接收各种与制动有关的信号（制动指令信号、电制动实际值信号、载荷信号等），由 EBCU 的主板 MB（相当于 CPU）根据所接收的信号计算出当时所需要的制动力值，并将其传送给空气制动控制单元（BCU）。

同时，EBCU 还实时监控每个轮对的速度，所需要的轮对速度的实际值由速度传感器获得，速度信号传至 EBCU，EBCU 对各轮对的速度差和减速度进行监测。一旦任一轮对发生滑行，能迅速向该轮轴的防滑阀发出指令，开通制动缸与大气的通路，使制动缸迅速排气，以减小气制动力。

（2）空气制动控制单元。空气制动控制单元是以压力空气为制动信号和制动力控制介质的制动控制系统。司机发出的制动指令是靠制动管内的空气压力变化来传递的，指令传递速度受空气波速的限制，也就是说其极限速度在 330 m/s 左右。

（3）电气指令制动控制单元。电气指令制动控制单元是以电气信号传递制动信号的制动控制系统。

现在城市轨道交通车辆的制动系统无一例外地采用电气指令单元来快速、准确、可靠地传递司控器的指令。采用电气指令可以使列车制动、缓解迅速，停车平稳无冲动，缩短制动距离。按指令方式分类，电气指令制动控制系统分为数字式电气指令制动控制系统和模拟式电气指令制动控制系统。

数字式电气指令制动控制系统的数字式指令是指开关指令的组合，属于分挡控制。这样的分挡制动指令通过具有多块气动膜板的中继阀的动作，使制动缸获得恒定的七级压力。数字式电气指令制动控制系统操作灵活，可控性能好。我国自行制造的北京地铁车辆使用的 SD 型制动系统即为数字式电气指令制动控制系统。

模拟式电气指令制动控制系统可以实现无级制动和连续操纵。常用的模拟电信号有电流、电压、频率和脉冲等，这些模拟量可以传递制动控制信号。理论上讲，模拟式电气指令制动控制系统的操纵比数字式的更方便，但它对传递指令的设备性能要求比较高。如果设备性能不能满足要求，其精度会降低，从而会影响制动效果。

从目前趋势来看，城市轨道交通车辆采用的脉冲宽度调制的模拟式电气指令制动控制系统，应当是较为先进的列车制动控制系统。

目前，我国城市轨道交通车辆主要选用进口的制动系统，包括日本 Nabtesco 系统、德国 Knorr 制动系统、英国原 Westinghouse 制动系统和法国 Sabwabco（Faiveley）制动系统。

（1）以上海和广州地铁 1、2 号线为代表的德国 Knorr 公司的车辆制动系统。德国 Knorr 公司的车辆制动系统是目前国内 A 型车上运用最广的制动系统。它是模拟式制动系统，制动指令采用 PWM 信号或网络信号。微机制动控制单元一般单独设置在车厢内；而气制动控制单元由两块气动集成板和风缸等组成，分别固定在车辆底架下，系统结构紧凑。目前，深圳、南京地铁车辆和大连轻轨车辆，甚至部分国内试制的高速电动车组上也采用该制动系统。

（2）以北京、天津为代表的 B 型车上采用得较多的 Nabtesco 公司的 HRA 型制动系统。HRA 型制动系统为数字式制动系统，即常用制动指令采用 3 根指令线编码，共 7 级。微机制动控制单元与气制动控制单元集成在一起，固定于车辆底架下面。由于采用了流量比例阀进行 EP 控制，因此气制动控制单元较为简单。在武汉轻轨和重庆独轮轨等项目上也采用了此制动系统。基础制动根据车辆的不同而有所区别。

（3）以上海地铁 3、5 号线为代表的英国原 Westinghouse 公司的微机控制直通电-空制动系统。该系统按整车模块化原则设计，集成度较高。它将除微机制动控制单元、气制动控制单元、风缸、风源等必须安置在转向架附近的部件外全部集成安装在一个安装架上，方便运行维护。该系统同样采用 PWM 信号传递制动指令，为模拟式制动系统。EP 转换采用 4 个开关电磁阀闭环控制的方法。

（4）国产地铁制动系统。较早在北京地铁上使用的一种国产地铁制动系统是 SD 型数字指令式直通电-空制动系统。该型制动机由长春客车厂和铁道科学研究院等单位共同研制，是以英国原 Westinghouse 制动系统为原型的一种直通式电-空制动系统。其制动指令传输方式为数字式，制动控制部分的电-空转换阀为七级膜板中继阀，可以实现七级常用制动。

目前，我国较为先进的制动系统是中国铁道科学研究院研制的 EP09 型制动系统。该制动系统采用架控方式的微机控制模拟直通式电-空制动系统，每辆车都配有两套电-空制动控制模块。

三、基础制动装置

基础制动装置是用于传送制动原动力并产生制动力的装置。目前，城市轨道交通车辆中应用最为广泛的基础制动装置有闸瓦制动和盘形制动两种方式。

1. 闸瓦制动装置

闸瓦制动装置也称为踏面制动装置，它是城市轨道交通车辆中最常见的基础制动装置，由制动缸、制动传动装置、闸瓦装置和闸瓦间隙调整器等组成，如图 6-10 所示。

制动缸是产生制动原动力的部件。制动传动装置将制动缸产生的制动原动力放大一定的倍数后，均衡地传递给各个闸瓦。闸瓦装置用于安装闸瓦，并调整闸瓦与车辆踏面间的工作角度。闸瓦间隙调整装置用于自动调整闸瓦与车轮踏面之间的间隙，使闸瓦间隙保持在规定的范围内，以确保制动作用的可靠性。闸瓦间隙调整器是单作用式的，在更换闸瓦使间隙过小时，只能手动调节。

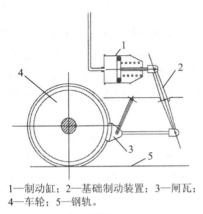

1—制动缸；2—基础制动装置；3—闸瓦；
4—车轮；5—钢轨；

(a) 原理图　　　　　　　　　　　　(b) 实物图

图 6-10　闸瓦制动装置

基础制动装置在制动时，闸瓦制动装置根据制动指令使制动缸内产生相应的制动缸压力，该压力通过制动缸使制动缸活塞杆产生推力，经基础制动装置中的一系列杆件的传递、分配，使每块闸瓦都贴靠在车轮踏面上，并产生闸瓦压力。车轮与闸瓦之间发生相对滑动，产生摩擦力，最后转化为轮轨之间的制动力。缓解时，制动控制装置将制动缸压力空气排出，制动缸活塞在制动缸缓解弹簧的作用下退回，通过各杆件带动闸瓦离开车轮踏面。

在闸瓦与车轮这一对摩擦副中，由于车轮主要承担着车辆走行功能，因此其材料不能随意改变。要改善闸瓦的制动性能，只能采用改变闸瓦材料的方法。早期的闸瓦材料主要是铸铁。为了改善闸瓦的摩擦性能和增加其耐磨性，目前城市轨道交通车辆中大多采用合成闸瓦，但合成闸瓦的导热性较差，因此目前也有采用导热性能良好且具有较好摩擦性能的粉末冶金闸瓦。

目前，城市轨道交通车辆广泛使用的是 Knorr 公司生产的踏面制动单元，包括 PC7Y 型（不带停放制动）和 PC7YF 型（带停放制动），分别如图 6-11 和图 6-12 所示。

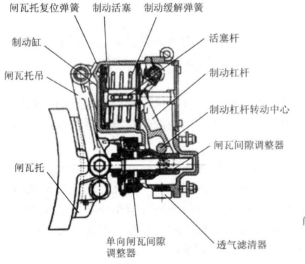
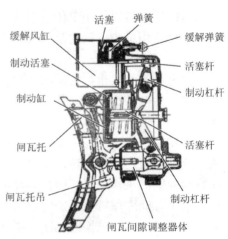

图 6-11　PC7Y 型单元制动缸　　　　图 6-12　PC7YF 型单元制动缸

2. 盘形制动装置

盘形制动装置在制动时，制动缸通过制动夹钳使闸片夹紧制动盘，闸片与制动盘产生摩擦，把列车的动能转变为热能，热能通过制动盘与闸片散于大气中。

盘形制动装置有轴盘式和轮盘式之分，如图 6-13 所示。当制动盘固定在车轴上时，为轴盘式盘形制动装置，一般拖车大多采用这种结构；如果制动盘连接在车轮上，则为轮盘式盘形制动装置。在动车（动轴）上，由于两轮之间需要安装牵引电机等其他设备，若不能安装轴盘式盘形制动装置，可考虑采用轮盘式盘形制动装置。

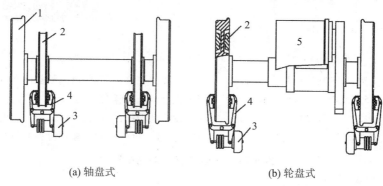

(a) 轴盘式　　　　　　　　(b) 轮盘式

1—轮对；2—制动盘；3—单元制动缸；4—制动夹钳；5—牵引电机。

图 6-13　盘形制动装置

轴盘式和轮盘式盘形制动装置的制动盘形式也不同，如图 6-14 所示。

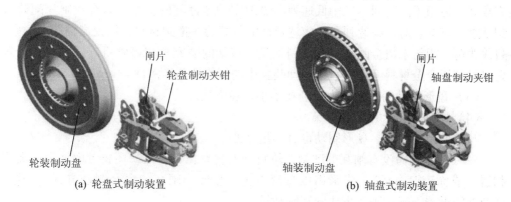

(a) 轮盘式制动装置　　　　　　　　(b) 轴盘式制动装置

图 6-14　制动盘

WZK 型盘形制动单元由 Knorr 公司生产，其原理是将气动控制与安装在轮对上的制动盘共同作为摩擦制动使用。它是紧凑型基础制动装置，其体积小，适用于安装空间较小的转向架。WZK 型盘形制动单元分为两种类型：一种是不带停放制动的盘形制动单元，另一种是带停放制动的盘形制动单元，如图 6-15 所示。

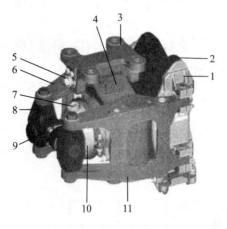 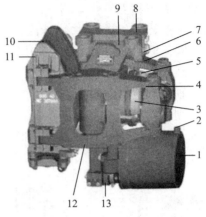

(a) 不带停放制动   (b) 带停放制动

1—闸片支架；2—闸片；3—支架；
4—腔体；5—螺栓；6、11—制动杆；
7—气管接口；8—控制杆；
9—间隙调整装置；10—气缸。

1—停放制动缸；2—停放制动缸进气口；
3—气缸；4—间隙调整装置；5—气管接口；
6、12—制动杆；7—螺栓；8—支架；9—腔体；
10—闸片；11—闸片支架；13—手动缓解齿轮。

图 6-15   WZK 型盘形制动单元

盘形制动方式与踏面制动相比，具有以下优点。
(1) 避免了车轮踏面参与制动，延长了车轮的使用寿命，改善了运行品质。
(2) 可双向选择摩擦副的材料甚至形状，散热性能好，摩擦因数稳定，制动功率较高，适用于高速列车。中低速列车盘形制动摩擦副的材料，以合成闸片配铸铁制动盘为首选。对于高速列车，应选择性能更好的摩擦副材料，以提高轴制动功率。目前普遍采用粉末冶金闸片配锻钢制动盘。最新的研究是在探索将碳纤维材料、陶瓷材料和铝合金材料运用于盘形制动装置中的可能性与经济性。
(3) 盘形制动闸片面积大，磨耗率小，经济性好。
(4) 制动平稳，几乎没有噪声。
与踏面制动相比，盘形制动也有不足之处。
(1) 车轮踏面没有闸瓦的磨刮，轮轨黏着将恶化，所以，还要考虑加装踏面清扫器（或称清扫闸瓦），或采用以盘形为主、盘形与闸瓦的混合制动方式。否则，即使有防滑器，制动距离也比闸瓦制动长。
(2) 制动盘使簧下质量及其引起的冲击振动增大，运行中还要消耗牵引功率。

 地方链接

一、基本参数

在额定载员的情况下，在平直干燥的线路上，车轮处于半磨耗状态，列车从最高运行速度 80 km/h 开始制动到停车，平均减速度为：

平均常用制动减速度（80 km/h～0，包括响应时间）≥1.0 m/s²。
平均紧急制动减速度（80 km/h～0，包括响应时间）≥1.2 m/s²。
计算用黏着系数：0.165。
制动时冲击极限（紧急制动工况除外）：≤0.75 m/s³。
停放制动力能使 AW3 列车在 35‰坡道上安全、可靠地停放。
紧急制动距离（初始速度 80 km/h 时）：≤205 m。

二、制动系统的主要组成

按照功能，制动系统由以下设备组成：空气供给设备（A组）、制动控制设备（B组）、基础制动设备（C组）、车轮滑行保护设备（G组）、空气悬挂设备（L组）、其他设备（W组）。

1. 空气供给设备

该组设备负责为列车提供并储存充足、干燥、洁净、压力合适的压缩空气，主要包括空气压缩机组、空气干燥器、压力开关等。空气供给设备安装在每辆 Tc 车上，该设备通过贯穿整列车的总风（缸）管（MRP）给全列车的用风设备供应压力空气。总风缸、管中的压缩空气最大工作压力为 1 000 kPa，正常工作压力范围为 750～900 kPa。

在每辆 Tc 车上均设有 S03T-N0.9 螺杆式空气压缩机模块，其供风能力可以满足车辆的用风需求。空气压缩机模块包括两个主要设备：螺杆式空压机及一个双塔干燥器，两个设备均安装在一个共用框架上以便于安装和维护。

（1）空气压缩机组。

空压机采用空气冷却，是螺杆式的，由一个三相交流、50 Hz，AC 380 V 的电机驱动。压缩机的排量约为 950 L/min，工作转速为 1 460 r/min。

（2）干燥器。

S03T-N0.9 型供风装置后处理采用无热吸附式双塔干燥装置（型号 HTDB-0.9），该型号干燥器以 4A 分子筛作为干燥剂，利用变压吸附及无热再生原理，双塔设计为并联结构，一塔对压缩湿空气"吸附"干燥时，另一塔同时对吸附剂活性"再生"，这样保证了高压湿空气的干燥过程能够连续进行。

2. 制动控制设备

制动控制设备具有制动控制和车轮防滑系统两大主要微机控制功能。制动控制设备主要包括制动控制器、制动微机控制单元（BECU）（图 6-16）、制动控制单元（BCU）、辅助控制单元（ACU）（图 6-17）、双针压力表、制动隔离塞门、测试接口和制动风缸等。

图 6-16 制动微机控制单元（BECU）

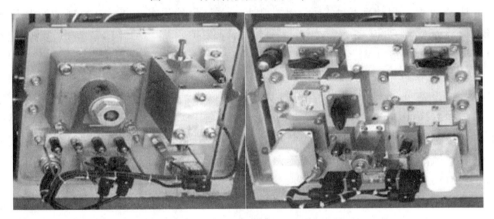

图 6-17 BCU 和 ACU 模块

3. 基础制动装置

安装在转向架上的制动设备主要是两种单元制动器，其中一种带停放制动功能。两种单元制动器数量相等，每轴安装一个带停放功能的单元制动器，在转向架内部斜对称布置。

4. 车轮滑行保护设备

车轮滑行保护设备主要包括测速齿轮、速度传感器、防滑控制单元、防滑排风口等。在所有列车上均装有空气制动防滑系统。常州地铁 1 号线电客车防滑系统的检测和保护都是按照轴控方式进行的。车轮滑行保护设备能够实现常用制动、快速制动、紧急制动过程中滑行检测和滑行修正等功能。

5. 空气悬挂设备

空气悬挂系统主要有三个方面的功能：一是为车辆提供空气悬挂，改善车辆的动力学特性和运行品质；二是通过设置高度阀，可使车辆地板面高度调整好后不随载荷的变化而改变；三是准确地测量簧上载荷（可变）并提供给车辆控制系统，为列车的有效牵引和精确制动打下基础。空气悬挂设备主要包括带防逆流功能的溢流阀、空气悬挂风缸、高度阀、差压阀、过滤器、截断塞门等，其中，带防逆流功能的溢流阀、过滤器、截断塞门集成在辅助控制气路板中。

6. 其他设备

其他设备主要包括车钩驱动设备、轮缘润滑截断塞门和空气管路、塞门、压力表等。

练习题

一、填空题

1. 制动系统一般由 _____、_____ 和 _____ 三个部分组成。
2. 空气压缩机有 _____ 和 _____ 两种。
3. 螺杆式空气压缩机主机的工作循环分为 _____、_____、_____ 三个过程。
4. 目前，城市轨道交通车辆应用最为广泛的基础制动装置有 _____ 和 _____ 两种方式。相比较，_____ 的制动效率更高。
5. 盘形制动装置有 _____ 和 _____ 之分。

二、识图题

1. 图 6-18 所示为螺杆式空气压缩机的一个工作循环过程，请写出工作循环过程的名称。

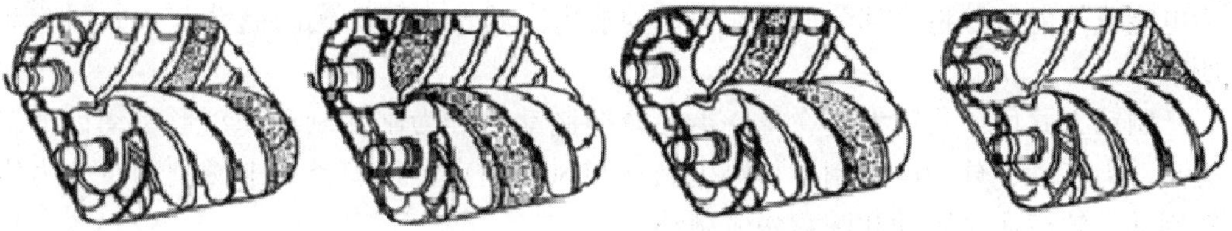

a（　　　　　）　　b（　　　　　）　　c（　　　　　）　　d（　　　　　）

图 6-18　螺杆式空气压缩机工作循环示意图

2. 图 6-19 所示为闸瓦制动装置，请写出各部分名称。

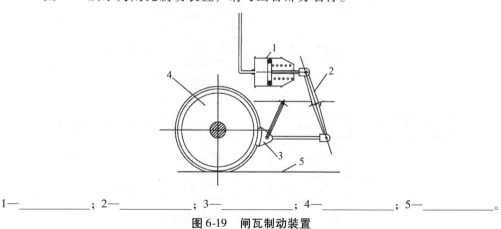

1—_____；2—_____；3—_____；4—_____；5—_____。

图 6-19　闸瓦制动装置

三、简答题

1. 城轨交通车辆风源系统有何特点？主要包括哪些部分？
2. 简述制动控制系统的基本组成及其作用。

3. 简述膜式空气干燥器的作用原理。

课题三　制动方式

课题目标

（1）了解城轨交通车辆制动方式的分类。
（2）了解城轨交通车辆制动方式的新型制动方法。

制动方式是指列车制动时制动力的产生方法。轮轨式铁路交通车辆的制动方式有两种：一种是利用轮轨间黏着力的黏着方式；另一种是不依靠黏着力的非黏着方式。现代城市轨道交通车辆一般都使用的制动方式是黏着方式，非黏着方式现处于开发研究阶段。黏着力随列车运行速度的提高而降低，所以当列车运行速度提高时要灵活地采用非黏着制动方式。无论何种方式，都必须具有把列车运行的动能转换为电能或热能，并将这部分能量消耗掉的能力。城轨交通车辆的制动方式如图6-20所示。

制动方式可分为三大类：第一类是摩擦制动，分为闸瓦制动和盘形制动；第二类是动力制动，分为电阻制动、再生制动和风阻制动；第三类是电磁制动，分为磁轨制动、轨道涡流制动和圆盘涡流制动。

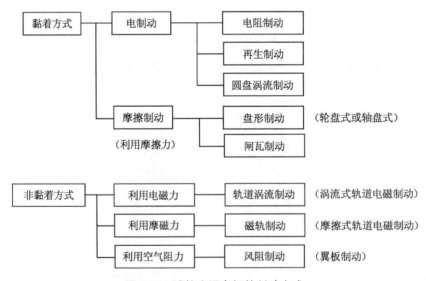

图6-20　城轨交通车辆的制动方式

电磁制动中的磁轨制动和轨道涡流制动，由于制动力不需要经过轮轨接触黏着关系来进行力的传递，所以这两种制动方式又属于非黏着制动；而摩擦制动、动力制动和圆盘涡流制动均需要通过轮轨黏着关系进行力的传递，这几种制动方式属于黏着制动，其制动力的产生都要受产生制动力的那些车轴的轮轨间黏着力的限制。同一根轴上各种黏着制动力之和不能超过该轴轮轨间的最大黏着力。此外，圆盘涡流制动、电阻制动、再生制动都是让动车的动轮对带动其动力传动装置，产生逆作用，消耗或回收列车的动能，习惯上统称为动力制动。

闸瓦制动、盘形制动在前面已做介绍，下面对其他几种制动方式做简要介绍。

1. 电阻制动

电阻制动是在制动时将原来驱动轮对的自励牵引电动机变为他励发电机或者由交流牵引电动机变为交流发电机，由轮对带动发电，并将电流通往专门设置的电阻器，使电阻器发热，将电能转换为热能，采用强迫通风使热量消散于大气中，从而产生制动作用。电阻制动一般能提供较稳定的制动力，但是车辆底架上需安装体积较大的电阻器箱。

这种制动方式的优点是：制动效率比较高，不会发生长时间抱死车轮的现象，高速时制动力大；但低速时效率较低，一般均与空气制动配合使用。电阻制动广泛应用于电力机车、电动车组和电传动内燃机车。

2. 再生制动

与电阻制动相似，再生制动也是将牵引电动机变为发电机。不同的是，再生制动是将电能反馈给电网或供给本列车的辅助供电系统，使本来由电能转变成的列车动能再生为电能，而不是变成热能消耗掉。这种制动方式比较节能和环保，是目前城市轨道交通车辆制动技术的发展方向之一。

再生制动比电阻制动更加经济，但是技术上比较复杂，并且需要满足一定的再生条件才能够实现。如果列车所在的供电区段上没有其他列车处于牵引状态，而辅助供电系统的用电量不能完全消耗再生的电能，电荷就会在电容上聚集。当电荷聚集到一定程度时，制动斩波器开始工作，它将多余的电能送到制动电阻上消耗掉。

3. 磁轨制动

磁轨制动也称为轨道电磁制动，其结构如图 6-21 所示。制动时，安装在转向架构架侧梁下的电磁铁下放，电磁铁励磁，与钢轨产生吸力。列车的动能通过电磁铁下的磨耗板与钢轨之间的摩擦转化为热能，经钢轨和磨耗板，最终消散于大气中。

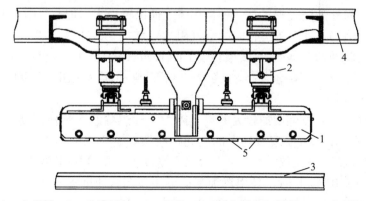

1—电磁铁；2—升降风缸；3—钢轨；4—转向架构架侧梁；5—磨耗板。

图 6-21　轨道电磁制动装置

与闸瓦制动和盘形制动相比，磁轨制动的优点是：制动力不是通过轮轨黏着产生的，自然也不受该黏着的限制，高速列车使用磁轨制动，除黏着力外还可以获得一个制动力，使制动距离不至于太长。磁轨制动的不足之处是：它是靠滑动摩擦来产生制动力的，电磁铁会产生磨耗，钢轨的磨耗也会增大，而且滑动摩擦力无论如何也没有黏着力大。所以，磁轨制动只能作为紧急制动时的一种辅助制动方式，多用于黏着力不能满足紧急制动距离要求的高速列车，在施行紧急制动时与闸瓦（或盘形）制动一起发挥作用。

4. 轨道涡流制动

轨道涡流制动又称为线性涡流制动或涡流式轨道电磁制动。它与磁轨制动很相似，也是把电磁铁悬挂在转向架构架侧梁下面同侧的两个车轮之间。

制动时，把电磁铁下放到离轨面几毫米处但不与钢轨接触，利用电磁铁和钢轨的相对运动使钢轨感应出涡流，产生电磁吸力作为制动力，并把列车的动能变为热能消散于大气中。这种制动方式不通过轮轨黏着，没有磨耗问题。但是，它消耗的电能太多，约为磁轨制动的10倍，电磁铁发热也很厉害，所以，它也只是作为高速列车紧急制动时的一种辅助制动方式。

5. 圆盘涡流制动

圆盘涡流制动是在牵引电动机轴上装金属盘，采用圆盘形感应盘和环状分布的电磁铁及安装机构，当列车运行时，圆盘形感应金属盘随着车轴高速旋转，当涡流制动器电源接通，励磁电磁铁产生磁通在电磁铁与感应盘的气隙中建立移动磁场，使感应盘内产生感应电动势与涡流。涡流产生的磁场使气隙中的合成磁场发生畸变，气隙中的磁力线发生倾斜，在旋转的切线方向产生制动力矩。从能量的观点来看，列车的动能通过电磁铁与感应盘之间的电磁耦合转移为感应金属盘的热能，通过辐射、对流和传导消散于大气中，从而产生制动作用。

与盘形制动（摩擦式圆盘制动）相比，圆盘涡流制动的圆盘虽然没有装在轮对上，但同样要通过轮轨黏着才能产生制动力，也要受黏着限制。而且，与轨道涡流制动相似，圆盘涡流制动消耗的电能也较多。

6. 翼板制动

翼板制动尚处于试验中，是一种从车体上伸出翼板来增加空气阻力的制动方式。若翼板的位置适当，动车组运行时的空气阻力可增加 3～4 倍。2006 年日本研制出利用空气动力制动的 Fastech360S 型和改进的 Fastech360Z 型，并已通过 100 km 时速的安全测试，装有空气动力制动装置的列车制动距离在时速 360 km 与时速 275 km 时大致相同。

列车制动时，翼板可增加较大的空气阻力，理想状态下翼板制动与空气制动和电气制动共同作用，可使现有列车的制动距离缩短至原来的 1/4～1/3，并成功制动，即用翼板制动后，制动力可以达到现有制动方式的 3～4 倍。经过实验测试，当列车速度为 200 km/h 时，采用翼板制动可使列车减速度提高 0.17 m/s^2；当列车速度为 250 km/h 时，减速度可提高 0.28 m/s^2。

翼板制动具有以下优点：

（1）以空气为原动力，用电气控制进行操控动作，节省能源。
（2）制动力可以达到现有制动方式的 3~4 倍。
（3）采用膜板结构，结构简单，可靠性高，没有材料磨耗，运行维护简单。
（4）在列车顶部的翼板还可以增加列车的轮轨黏着力等。

 练习题

一、填空题

1. 轮轨式铁路交通车辆的制动方式有两种：一种是利用轮轨间黏着力的_____；另一种是不依靠黏着力的_____。
2. 制动方式可分为三大类：第一类是摩擦制动，分为_____和_____；第二类是动力制动，分为_____、_____和_____；第三类是电磁制动，分为_____、_____和_____。

二、简述题

简述城市轨道交通车辆的制动方式。

课题四　制动模式

 课题目标

（1）掌握列车不同制动模式的施加、缓解时机。
（2）能描述列车常用制动模式的制动程序。

城市轨道交通车辆制动控制模式分为常用制动控制、紧急制动控制、停放制动控制、保持制动控制和防滑制动控制等，见表 6-1。

表 6-1　制动控制模式对应的制动方式

制动控制模式	制动方式
常用制动	电制动和空气制动相配合
紧急制动	空气制动
停放制动	空气制动
保持制动	弹簧储能制动
防滑制动	空气制动

一、常用制动控制

在正常情况下为调节或控制列车速度（包括进站停车）所施加的制动是常用制动，其特点是作用比较缓和，制动力可以调节，可随时缓解。最大常用制动的平均减速度为 1.0 m/s^2。

司机在手动驾驶列车时，通过操纵司机台上的司机控制器来实现常用制动控制，如图 6-22 所示。

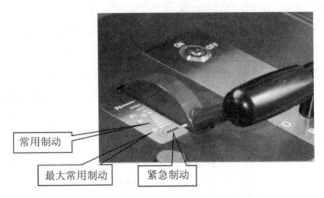

图 6-22 司机控制器上的常用制动位

列车的常用制动是空气制动与电制动自动配合的电-空混合制动。常用制动优先采用电制动，电制动不足时，由空气制动补充。常用制动受最大允许纵向冲击率限制。电-空制动与列车速度、需求制动力的关系如图 6-23 所示。

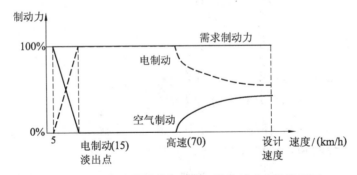

图 6-23 电-空制动与列车速度、需求制动力的关系图

列车在 AW3 工况下，车速高于 70 km/h（高速）时的制动由电制动和空气制动共同施加；车速低于 70 km/h 时的制动完全由电制动施加；当车速低于 15 km/h 时电制动逐渐失效，列车所需制动由空气制动施加；当车速低于 5 km/h 时，制动完全由空气制动施加。在 AW2 工况下的制动可由电制动完全施加。

因此，常用制动的制动程序为：
（1）地铁列车首先充分利用再生制动形式。
（2）当电能过剩，不能反馈到电网时，采用电阻制动将电能消耗掉。
（3）当列车速度降到一定程度时，电制动被切除，由空气制动施加全部制动力。

二、紧急制动控制

紧急制动是在紧急情况下为使列车尽快停车所施加的制动，也称非常制动。其特点为纯空气制动，作用迅猛，不受冲动限制，制动力能达到最大，停车前不能缓解。在最大超员工况下或车轮半磨耗状态下，列车紧急制动的平均减速度不低于 $1.2\ m/s^2$。

紧急制动是独立的控制回路，只要紧急制动环路断开，列车就会产生最高安全等级的紧急制动。只要出现下列情况之一，列车紧急制动环路将断开。

（1）紧急制动按钮（图 6-24）被按下。

（2）总风压欠压：当总风压低于 600 kPa 时，车辆产生紧急制动；当总风压高于 700 kPa 时，车辆因总风压低而产生的紧急制动会自动缓解。

（3）列车运行时方向选择手柄（图 6-25）回零位。

（4）头车、尾车司机室均被激活。

（5）司机释放司机控制器上的警惕按钮时间过长（>5 s）。

（6）ATP 给出紧急制动信号：由 ATP 系统发出的紧急制动指令、列车分离、110 V 控制电源失电、运行中列车完整性被迫坏等情况。

（7）列车主控手柄（司机控制器）打到 EB（紧急制动）位。

（8）控制回路保险 QF7 跳开。

任何情况下的紧急制动缓解，必须在停车状态下将制动手柄打至紧急位，确认列车紧急制动施加后，才能进行缓解。

图 6-24　紧急制动按钮

图 6-25　方向选择手柄

三、保持制动控制

为使列车在坡道上停车时保持静止，防止列车在坡道上启动时倒溜，或在列车临时停车时，实施保持制动。保持制动通过常用制动实现（如制动力为最大常用制动力的 70%）。

当车速小于 5 km/h 时，保持制动自动施加；当列车的牵引力达到 10% 的最大牵引力或车速大于 2 km/h 时，保持制动自动缓解。

四、停放制动控制

停放制动可使列车在一定坡道路面上可靠停驻。在每根轴上,有一个带停放制动功能的踏面制动单元。在一个转向架上,停放制动对角布置。

停放制动通过弹簧施加,是纯机械制动。在列车停车时,当总风压力下降到停放制动开始施加的压力后(如450 kPa),停放制动能够自动施加;当总风压力恢复时,停放制动应能自动缓解并恢复停放制动的正常功能。

停放制动施加后,可手动缓解,一旦手动缓解了停放制动,停放制动即失效;在总风压力处于正常范围时,进行一次制动操作,停放制动功能自动恢复。

五、空气制动防滑控制

空气制动防滑功能在紧急制动和常用制动时都可以起作用。每辆车的空气防滑控制装置包括4个防滑排风阀(G1)和轴装速度传感器(G3)。在每根轴上都安装有速度传感器(G3)、感应齿盘(G2),如图6-26所示。

空气制动防滑控制系统采用速度差和减速度判据进行滑行检测。速度差判据:当某一轴速度低于参考速度(基准速度)且达到判定滑行数值;减速度判据:当某一轴速度的减速度达到判定滑行数值。

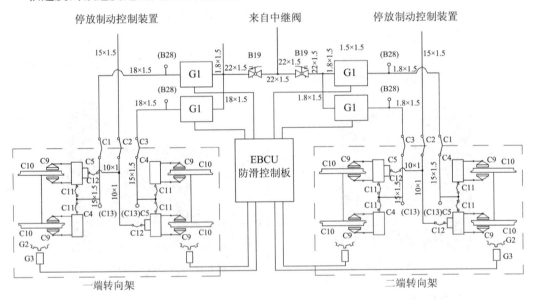

图6-26 防滑控制单元结构图

当出现以上任何一种情况时,就判定该轴发生制动滑行。防滑控制系统首先会通过防滑排风阀切断中继阀到该轴制动缸的通路,对制动缸进行保压,如果滑行较大或保压后滑行持续增大,防滑阀还可排出制动缸中的一部分压力空气,减小该轴上的制动力,以减小该轴上的滑动程度,使该轴恢复到黏着状态。在黏着恢复再制动充风时,防滑控制系统首先会采用阶段充风方式,一方面可以限制黏着恢复时再制动的纵向冲击率,另一方面还可以降低黏着恢复过程中再滑行的概率。

当4根轴同时滑行时，或4根轴的减速度都远高于正常的制动减速度时，防滑系统会定期短时缓解某一基准轴的空气制动，以便对基准速度进行周期性的修正，减小基准速度的累加偏差，以准确地控制滑动程度，从而确保在低黏着状态下最大程度地提高制动力，而且不会出现车轮擦伤。在发生严重滑行时（如雨雪天气），将切除电制动，以利于黏着恢复。

防滑控制单元在进行滑行控制时，会自动限制排风和保压的持续时间，以限制空气制动力的减少时间。防滑控制单元还具有独立于主微控制器的监控微控制器，当主微控制器出现异常时，监控微控制器能够切除主微控制器的防滑控制输出，以防止空气制动力持续减小。

当空气制动滑行控制系统失效时，空气制动将维持运用而无滑行保护。当一个速度传感器出现故障时，受到影响的防滑阀会利用本转向架的另一个速度传感器进行防滑控制。

 地方链接

一、功能概述

制动系统采用车控方式，车轮防滑保护则采用轴控方式。

制动系统的模式包括常用制动、快速制动、紧急制动、保持制动、停放制动、车轮防滑保护、载荷补偿、制动混合等。

制动施加的优先级：优先考虑电制动（再生/电阻制动），如果电制动不能满足总制动力的需求，则采用空气制动补充。

紧急制动采用纯空气制动模式，它是通过常时带电的紧急制动环路的失电来控制的。

二、制动模式

常州地铁1号线电客车制动模式有常用制动、快速制动、保持制动、紧急制动、停放制动。电-空混合策略在列车级范围内进行，这样有利于最大程度地利用电制动，降低制动闸瓦的磨耗，节省日常维护成本。

 练习题

一、填空题

1. 城市轨道交通车辆制动控制模式分为常用制动控制、_____、_____、保持制动控制和防滑制动控制等。

2. 在正常情况下为调节或控制列车速度（包括进站停车）所施加的制动是_____，其特点是作用比较缓和，制动力可以调节，可随时缓解。

3. 地铁电动列车以_____制动为主，并且以_____制动为优先；

列车处于低速状态，电制动不足时，用＿＿＿＿＿＿制动补足。

二、识图题

补充电-空制动与列车速度、需求制动力的关系图（图6-27）中括号里所缺内容。

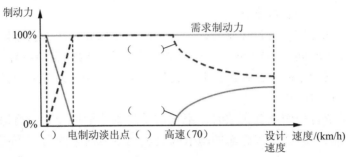

图6-27　电-空制动与列车速度、需求制动力的关系图

三、判断题

1. 在常用制动模式下，电制动和空气制动一般都处于激活状态。　　　（　　）
2. 保持制动是为防止列车在停车后的冲动，使列车平稳停车，通过ECU内部设定的执行程序来控制。　　　（　　）
3. 紧急制动实施后是不能撤除的，列车必须减速，直至完全停下来（零速封锁）。　　　（　　）

课题五　制动系统认知实训

一、实训目标

（1）能找出制动系统的组成部件，并说出其功能。
（2）能认识不同类型的基础制动装置，并能指认其结构。
（3）能通过维修手册查询车辆制动系统的有关参数。

二、实训设备和工具

城市轨道交通列车制动系统实训台。

三、实训过程

（1）学生分组，对照列车制动系统实训台，指认制动系统的组成部件，并说明其制动过程。
（2）按照基础制动装置实训设备分组，学会判断基础制动装置的类型。
（3）分组考核。

单元七

空调系统

单元导入

空调是空气调节的简称,是使服务空间内的空气温度、湿度、清洁度、气流速度和空气压力梯度等参数达到设定要求的技术。

城市轨道交通车辆已经成为人们出行的重要交通工具之一。人们对乘坐舒适性的要求不断提高,空调成为车辆中十分重要的设备。空调系统可以夏季制冷、冬季制热,从而使车厢内部温度达到一个能够令人体感觉舒适的范围,同时也使车厢内部空气与外部空气不断循环流通,为乘客提供舒适的乘车环境。

查一查

地铁车厢空调都是自动开启的,目标温度设定在 26 ℃,不会因环境温度变化而调节,如图 7-1 所示。同一辆地铁上不同的人感受可能完全不一样。有人说:"太冷了,加衣服都挡不住!"有人却说:"跟蒸桑拿一样。"……请查询地铁车厢温度分布的特点。

图 7-1　地铁空调设置

课题一 概 述

课题目标

(1) 了解城轨交通车辆车厢内参数的选取。
(2) 能说出并理解城轨交通车辆空调系统的特点。
(3) 了解城轨交通车辆空调系统的发展趋势。

一、车内空气参数的选取

目前,城市轨道交通车辆车内空气参数的选取还没有相关标准,城轨交通车辆空调系统的设计依据是《客车空调设计参数》(TB 1951—87)、《城市轨道交通车辆空调、采暖及通风装置技术条件》(CJT 354—2010)、《公共交通工具卫生标准》(GB 9673—1996)、《地铁设计规范》(GB 50157—2013)等标准中的相关规定。车内空气参数标准主要包括热舒适性和室内空气质量两个方面的指标。热舒适性指标以温度、湿度、空气流速为主,室内空气质量主要是指二氧化碳含量、含尘量、新风量。热舒适性是人员对客观热环境在生理与心理方面都达到满意的状态。室内空气质量是对与室内空气环境相关的物理、化学及生物等因素给人员身体健康和心理感受造成的影响程度的综合性描述。

1. 温度

温度是影响人体热舒适性的重要指标。夏季,根据我国实际情况,28 ℃一般是人感觉舒适与不舒适的分界点,也是人体生理活动由正常开始恶化的分界点,可以把28 ℃设定为客室最高设定温度。夏天通常定为24 ~ 28 ℃。

冬季,地铁站内的温度相对于室外地面温度来说较高,乘客在短暂的乘车过程中一般不会脱下外衣,因此冬季客室温度不宜太高,可设定为18 ~ 20 ℃。《城市轨道交通车辆空调、采暖及通风装置技术条件》(CJT 354—2010)规定司机室温度不得低于14 ℃。

2. 相对湿度

相对湿度是空气中实际的水蒸气分压力与同温度下饱和状态空气中的水蒸气分压力之比,用百分比表示。对静坐者来说,湿度对人体热舒适性的影响不大。但由于湿度对呼吸系统的健康、霉菌的生长和其他与湿度有关的现象有很大的影响,因此又将湿度单独作为一个指标。

当人体周围温度在28 ℃以上时,空气相对湿度对人体的影响比较明显,当相对湿度达到70%时,人开始感觉不舒服。因此,标准车厢内相对湿度最大允许值为70%,一般应在40% ~ 65%的范围内。

3. 空气流速

空调吹出的空气流速又称微风速。研究表明，空气流速对人体的热舒适性有很大的影响。气流速度增大，流散热和水分蒸发散热也随之增强，从而加剧人体的冷感。气流速度过小，且衰减快，风吹不到地面，容易造成车内垂直温差过大，有头凉脚热的感觉。

《城市轨道交通车辆空调、采暖及通风装置技术条件》（CJT 354—2010）规定系统运转时，客室内气流速度应大于 0.07 m/s，系统测试时规定客室内风速测点在 24～28 ℃时最大气流速度不大于 0.9 m/s。《客车空调设计参数》（TB 1951—87）规定夏季客室内微风速不大于 0.35 m/s，冬季不大于 0.2 m/s。与铁路客车相比，乘客在地铁车厢内停留时间较短，微风速的最大值可适当放宽。

4. 新风量

新风的作用是改善车内空气质量，使车内环境中的各种污染物浓度保持在卫生标准所容许的浓度值以下。标准规定客室内人均新风量不应少于 10 m^3/h，司机室内人均新风量不应少于 30 m^3/h，紧急通风应为全新风，紧急通风量不应低于超员载荷下每人 8 m^3/h。城市轨道交通车辆载客量大，在客室内，由于人的呼吸，车内氧气减少，二氧化碳（CO_2）含量增加，车内过多的二氧化碳会使乘客感到胸闷、疲劳，当增加到一定浓度后就会影响人体健康。此外，车内还可能产生其他有害气体，使车内空气变得污浊。因此，必须不断更换车内空气，使车内空气保持一定的新鲜度。按照卫生标准和相关要求，实际设计时每人新风量数值取 20～25 m^3/h。

受地铁车辆限界影响，制冷机组的选型受到限制，一定程度上限制了车内新风量的摄取。新风清洁度近年来也受到人们的关注，在地铁空调客车内新风的质量也应该引起重视。特别是地铁车辆在隧道内运行时，客车吸入的新风是隧道内的空气，而隧道内的空气主要是通过隧道通风设备摄取的地面空气，在通风过程中可能出现二次污染，其质量有所下降。同时地铁运行时会产生大量灰尘，也会污染隧道内的空气。在地铁车辆的新风问题上，不仅要注重"量"，更要注重"质"的要求。

5. 二氧化碳（CO_2）

CO_2 是车内污染物的主要成分，它由人呼出，其产生量与人数及活动量有关。人们在呼出 CO_2 的同时，身体其他部分也不断排出污染物，如汗的分解产物及其他挥发气体，这是异味产生的主要因素。因此 CO_2 浓度可以作为车内异味或其他有害物质的污染程度的评价指标。《客车空调设计参数》（TB 1951—87）规定客室内空气中二氧化碳的容积浓度不大于 0.15%。

6. 含尘量

《客车空调设计参数》（TB 1951—87）规定铁路客车客室内空气中含尘量不超过 1 mg/m^3。地铁车辆在隧道内运行时，隧道内的灰尘及车辆运行中产生的大量灰尘，必然通过各种渠道进入车内，含尘量的技术控制比铁路客车困难，可以适当放宽。

地铁车辆与铁路客车有许多相似之处。铁路客车车内空气参数标准已经过长期研究，为地铁空调客车车内空气参数标准的研究提供了经验。但地铁车辆空调与地面铁道车辆空调在运行条件和舒适性要求方面有很大差别。

地铁空调客车虽然室内空间狭小、人员密度大，但运行区间短、乘客逗留时间短、上下乘客相对较多，乘客对衡量车内热舒适性的温度、湿度感受十分明显，但对空气质量敏感程度相对较低。乘客对车温度、湿度的指标要求较高，对车内空气品质的要求相对低一些。例如，上海市工程建设规范《城市轨道交通工程技术规范》[DG/TJ 08—2232—2017（J 13840—2017）]规定，制冷能力满足额定载荷、环境温度为35℃时，车内平均温度不高于27℃，相对湿度不超过63%；空调制热能力应能满足空载、环境温度为-5℃时，车内平均温度不低于13℃。

二、城市轨道交通车辆空调系统的特点

城市轨道交通具有运送乘客量大、站点密集、乘客上下车较为频繁、乘车舒适性要求高、在规定时间段内运行等特点。考虑到各城市具体运营环境的差异和日益增长的乘车需求，城市轨道交通车辆空调系统要具备以下特点。

1. 小型轻量化、可靠性高、免维护程度高、可维修性好

小型轻量化是城轨交通车辆空调系统的显著特点。由于城轨交通车辆一般比铁路客车小，高度低，运载量大，轴重小，而空调机组通常置于车顶部，受上部限界的限制，其体积和总重受到一定限制。

可靠性要高，首先，车辆在运行过程中会产生较大振动，因此车辆空调系统要具备耐振性能。其次，现在城市的污染程度较大，尤其是沿海城市的盐雾影响，对暴露在大气中的空调机的电机、换热器壳体的耐腐蚀性要求较高。

城轨交通车辆空调制冷系统通常是单元式、全封闭式制冷循环系统，所以免维护程度高、可维修性好。

2. 制冷能力强

城轨交通车辆客室基本采用全密封结构，为保证大流量旅客上下车的时间和效率，客室车门多且频繁开启，因此，客室内部制冷损耗大，制冷效率低。要达到和保持使人体感觉舒适的微气候条件，必须加大空调系统的制冷能力。

3. 对新风量的要求高

城轨交通车辆载客量大，由于人的呼吸，车内氧气减少，二氧化碳含量增加，车内过多的二氧化碳会使乘客感到胸闷、疲劳，当二氧化碳增加到一定浓度后就会影响人体健康。此外，车内还可能产生其他有害气体，使车内空气变得污浊。因此，必须不断更换车内的空气，使车内空气保持一定的新鲜度。

4. 微风速及送风均匀

目前，我国城轨交通车辆普遍采用静压风道。这种静压风道能够降低噪声，使送风均匀。经空调机组处理过的空气只有通过通风系统送到车内，才能保证车内温度均匀，同时保证送风均匀。

5. 气流组织及废排量

城轨交通车辆内部要求做到全面送风，即使是空调机回风口区域，也要设送风口。城轨交通车辆空调装置的通风量为新鲜空气量和再循环空气量之和。为保证客

室内有一定正压,同时又要平衡所需要的新风量带来的过大正压,须将客室内多余的空气排出车外,因此,城轨交通车辆一般须设置废排口或废排装置。

6. 供电特性

城轨交通车辆空调装置的压缩机、冷凝器风机、蒸发器风机一般采用辅助供电系统提供的三相、380 V、50 Hz 交流电工作,控制系统采用 110 V 直流电。

7. 空调系统故障状态下的运行及紧急通风

城轨交通车辆每节车厢采用两套空调机组,并且由每节车厢的两套辅助逆变器分别供电,可保证车辆在两种故障状态下正常运行:其一是当每节车厢中一台空调机组出现故障或制冷系统出现问题时,另一台机组还可以正常工作或为车辆提供一定的制冷量,保证车辆正常运行;其二是当一台辅助逆变器出现故障时,另一台辅助逆变器可保证每节车厢的空调机组的制冷能力自动减半或保证一台空调机组正常工作。

另外,当两台辅助逆变器同时出现故障或外部供电系统出现故障,接触网或送电轨停电时,空调系统应自动转入紧急通风状态,此时由蓄电池提供 DC 110 V 电源,制冷压缩机和冷凝风机全部停止运转,仅通过专用逆变器给蒸发器风机提供交流电源使其工作,保证客室正常通风。同时,回风调节挡板将回风关闭,新风阀全部打开,输送空气全部为新鲜空气,以维持客室内的氧气含量及空气流动。在紧急通风状态下,蓄电池应保证通风系统持续 45 min 的应急通风。

8. 自动化程度高、电磁兼容性好

城轨交通车辆空调系统等都采用了微处理器控制。控制系统能够对偶发性非故障现象进行自我判断,对于实际故障能够诊断并记录,可通过便携式计算机进行手动调试。该控制器还可以进行通信,实现上位机的集中控制功能。

自动化程度越高,车辆设备及信号控制系统电磁环境越复杂,电子部件信号系统要适应此电磁环境,因此空调系统控制装置要能在复杂的电磁环境中正常工作,且性能不降低。

9. 噪声要求

轨道交通也是噪声污染源之一,尤其是城轨交通车辆大多运行在城市中,对沿线居民、办公人员的影响更大,因而噪声限值越来越严。

三、城市轨道交通车辆空调系统的发展趋势

我国城市轨道交通车辆空调系统目前使用得较多的类型是传统的单冷型、定速型,电源采用辅助逆变器直供型。单冷型设计使空调机组的利用率降低,空调机组的效能和功能没有全部利用起来。随着变频技术日趋成熟,变频空调因具有节能、高效、舒适、提升低温供热能力、可靠等特点,必将成为城轨交通车辆空调机组发展的方向。上海市工程建设规范《城市轨道交通工程技术规范》[DG/TJ 08—2232—2017(J 13840—2017)]中规定列车宜采用变频热泵空调,因其具有制冷、制热、通风及紧急通风等功能。根据变频空调的特点,未来城轨交通车辆空调系统的发展趋势有以下几个。

（1）冷暖一体化。热泵型冷暖两用车载空调，改变目前定速型车用空调不能供热的现象，提高空调机的利用率，取消电暖气。

（2）机电一体化。变频控制器与变频空调机实现了一体化组装，使城轨交通车辆设备布置简单，安装简易、安全。

（3）安装简单。采用先进的集成技术，使产品体积更小、质量更轻。

（4）配电简单。与外在的电气设备连接只需两个航空插头，节约了布线成本和车辆空间。

（5）全变频设计。使用变频涡旋式压缩机、变频风扇电机以及4套变频器。

（6）舒适度高。采用动态恒温空调系统，做到冷暖无级调节。

练习题

一、填空题

1. 热舒适性指标主要有_____、_____、_____，室内空气质量主要是指_____、_____、_____。

2. _____是影响人体热舒适性的重要指标。夏季，根据我国实际情况，把_____℃设定为客室最高设定温度。

3. _____的作用是改善车内空气质量，使车内环境中的各种污染物浓度保持在卫生标准所容许的浓度值以下。

4. 可以作为车内异味或其他有害物质的污染程度的评价指标的是_____浓度。

5. 地铁乘客对衡量车内热舒适性的_____、_____的指标要求较高，对_____的要求相对低一些。

二、简答题

1. 城市轨道交通车辆空调系统要具备哪些特点？
2. 简述未来城轨交通车辆空调系统的发展趋势。

三、查一查

查阅城轨交通车辆变频空调的相关资料。

课题二　空调系统的制冷原理和组成

课题目标

（1）掌握空调系统的制冷原理。

（2）能指认城轨交通车辆空调系统的各个组成。

（3）熟悉空调机组的构成及主要部件的功能。

列车组的每节车厢均有一个完整的独立空调系统（图 7-2）。城市轨道交通车辆一般在车顶设置两台独立的空调机组（每台机组制冷量约在 32 kW ～ 44 kW 之间）、控制盘（包括温度传感器等）和风道系统等。

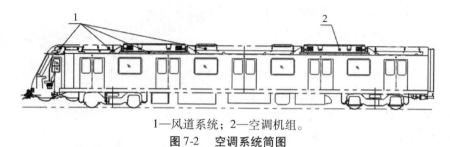

1—风道系统；2—空调机组。
图 7-2　空调系统简图

一、空调机组的制冷原理

空调机组的制冷原理是制冷循环：制冷剂在制冷回路中循环流动，并且不断地与外界发生能量交换，即不断地从被冷却对象中吸取热量，向环境介质排放热量。为了实现制冷循环，必须消耗一定的能量。

在制冷方法中，液体气化制冷的应用最为广泛。城轨交通车辆空调机组采用的是蒸气压缩式制冷，属于液体气化制冷。

蒸气压缩式制冷系统主要由压缩机、冷凝器、节流装置、蒸发器等部件组成，各部件通过管路连成一个封闭的系统。液态制冷剂在蒸发器内与被冷却空气发生热量交换，吸收被冷却空气的热量并气化成蒸气，压缩机不断地将产生的制冷剂蒸气从蒸发器中抽走，并压缩制冷剂，使其在高压下被排出，经压缩后的高温、高压蒸气在冷凝器内被周围的空气冷却，凝结成高压液态制冷剂；利用节流装置使高压液态制冷剂节流成的低压、低温气液混合制冷剂进入蒸发器，再次气化，吸收被冷却空气的热量，如此周而复始，如图 7-3 所示。

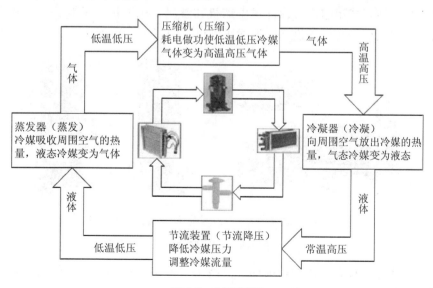

图 7-3　制冷循环

二、空调机组的组成

城轨交通车辆空调机组的作用和家用空调一样,调节空气的温度和湿度,给乘客带来舒适的环境。不同时期、不同厂家生产的空调机组的外形各不相同,但基本结构相近。空调机组各零部件组装在一个不锈钢板制成的箱体内,主体分为蒸发腔、冷凝腔以及压缩机腔三个部分,加盖板后形成一个整体,如图7-4所示。

图7-4 空调机组

压缩机腔有制冷压缩机、气液分离器、卸载电磁阀、旁通电磁阀、干燥过滤器、视液镜、高压压力开关及低压压力开关、逆止阀等。冷凝腔内有冷凝风机、冷凝器等,蒸发腔内有通风机、蒸发器、节流装置、新风阀、新风过滤器、回风阀等。空调机组受车辆限界的限制,高度上变化较大,有薄型和普通型两种。薄型的高度在300 mm左右,普通型的高度在380~450 mm之间。在车辆限界允许的情况下,优先使用普通型。

空调机组与车体之间采用减振器连接,出风和回风通过风道与客室内部相通。空调机组的送风口、回风口采用橡胶条压接密封结构,确保安装连接方便可靠。

空调机组各组成按功能主要分为制冷压缩机及配件、冷凝系统、蒸发系统、新风系统、回风系统、制冷管路等。

1. 制冷压缩机及配件

制冷压缩机是制冷系统的核心。压缩机的主要功能是压缩从蒸发器传送来的制冷剂气体,使其变成高温高压气体。城市轨道交通车辆空调选用的制冷压缩机主要有3种类型:活塞式压缩机、螺杆式压缩机和涡旋式压缩机。早期采用活塞式压缩机,目前多采用螺杆式压缩机和涡旋式压缩机,如图7-5所示。

(a) 螺杆式压缩机　　　　(b) 涡旋式压缩机

图7-5 制冷压缩机

气液分离器:设置在压缩机前面,分离来自蒸发器的制冷剂气体与未蒸发的液体,将制冷剂气体和压缩机润滑油送回压缩机。

卸载电磁阀：根据制冷负载要求改变其容量。此装置还可以在部分卸载时，使压缩机启动，从而减小机组启动时对电网的冲击。

旁通电磁阀：为保证压缩机在长时间停止后以及温度较低情况下启动时的轴承润滑，需要在一定时间内打开电磁阀。

干燥过滤器：将滤网固定在容器内，并封入干燥剂，过滤制冷剂中的残余杂质，吸收制冷剂中的残留水分。

视液镜：测定系统内制冷剂的品质和含水量。

高压压力开关：当制冷系统的压力异常高时，高压开关动作，停止压缩机的运转，保护制冷系统。高压压力开关的复位方式为自动复位。

低压压力开关：当制冷系统的压力异常低时，低压开关动作，停止压缩机的运转，保护制冷系统。低压压力开关的复位方式为自动复位。

逆止阀：安装在压缩机的排气管上，在压缩机停止时，防止制冷剂从排气管逆流回压缩机。

2. 冷凝系统

冷凝系统的作用是冷凝器借助冷凝风机，从机组上方吸入客室外空气，并与冷凝器管内的制冷剂进行强制性热交换，然后向机组两侧排出热风，从而完成热量的交换，高温蒸气被冷却凝结成液体。图 7-6 为冷凝器热交换示意图。

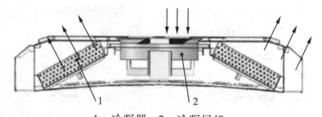

1—冷凝器；2—冷凝风机。

图 7-6　冷凝器热交换示意图

冷凝器如图 7-7 所示。按照冷却剂的不同种类，冷凝器分为三大类：水冷式、空冷式和蒸发式。城轨交通车辆空调制冷装置采用空冷式。高温高压的制冷剂气体通过冷凝器时，在室外空气的冷却下，变成常温（约 50 ℃ 以下）高压的制冷剂液体。

冷凝风机为两台轴流风机（图 7-8），强化制冷剂在冷凝器中凝结放热的过程。

图 7-7　冷凝器

图 7-8　轴流风机

液管电磁阀：设置在冷凝器出口，防止压缩机停止工作时制冷剂回流至压缩机侧，防止造成再次启动时润滑不良。

3. 蒸发系统

车内循环空气被通风机从回风口吸入，与新风混合后通过蒸发器冷却，并由出风口吹出，向车内送入冷风，在制冷系统连续工作时使车内温度逐渐降低，并由温度调节器自动控制车内温度在规定范围内。蒸发系统风向流动过程如图7-9所示。

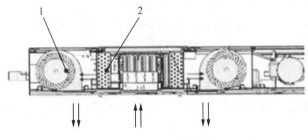

1—通风机；2—蒸发器。

图7-9　蒸发系统风向流动过程示意图

蒸发器：经过节流装置的低温低压的制冷剂与室内空气进行热交换，在制冷剂气化的同时，冷却室内空气。

通风机：通常是离心风机，如图7-10所示，兼有吸风和送风双重功能。一方面，通过新风格栅吸入新风，并使之与回风混合；另一方面，将经过蒸发器冷却、除湿后的空气通过风机输送到客室的送风管道中，并被送到客室内，达到调节客室温度、湿度的目的。

图7-10　离心风机

节流装置：在制冷系统中具有节流降压、调节流量、防止液击和蒸发器出口异常过热的作用。节流装置安装在蒸发器入口处，经冷凝液化的高压制冷剂，通过小截面的铜管变成低温低压的气液混合制冷剂。节流装置主要有毛细管、膨胀阀两种，如图7-11所示。

(a) 毛细管

(b) 膨胀阀

图7-11　节流装置

4. 新风系统

新风口设有性能好、阻力小的过滤格栅，如图7-12所示，可防止风沙雨雪渗入车辆。新风入口密封严密，所有新风均经过新风滤网过滤，新风口设置温度传感器来探测新风温度，新风风量由新风电动调节器控制，可半开或全开。在电源供电发生故障时，紧急通风系统将自动启动，新风电动调节器全开，向客室内提供足够的全新风。

图7-12 过滤格栅

5. 回风系统

客室内的部分空气通过车顶的回风口进行循环，回风与新风在蒸发器前混合，混合气流经过蒸发器完成降温除湿的制冷过程，并由蒸发风机沿风道向车辆客室均匀地送风。回风口设有回风温度传感器，探测回风温度；设置自动风量调节阀，调节新风与回风混合比例；设置回风滤网，过滤新风和回风的混合风。在紧急通风状态时，回风口全部关闭。回风系统示意图如图7-13所示。

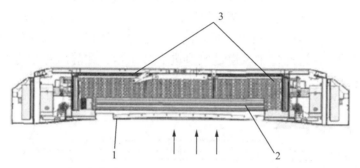

1—回风温度传感器；2—回风电动调节器；3—回风滤网。

图7-13 回风系统示意图

6. 制冷管路

冷媒通过管路在压缩机、冷凝器、干燥过滤器、毛细管、蒸发器、气液分离器中循环。在管路中，用避震软管抵消压缩机正常运作时的震动，避免管路被破坏。

7. 制冷剂

制冷剂是在制冷装置中实现循环制冷的工作介质，也称制冷工质（简称工质）。制冷剂是制冷系统里的血液。

目前，城轨交通车辆空调选用的制冷剂主要有两种类型，即R134a和R407c。R134a制冷剂是一种环保型的制冷剂，属于中温制冷剂，它的标准沸点为-26.2℃，凝固温度为-101℃。R407c制冷剂是一种非共沸混合制冷剂，它是由HFC32、125、134a按23∶2∶52的比例混合而成的，标准沸点为-43.6℃，凝固温度为-86.7℃。在气液共存时，气相和液相的组成不同，充添时需注意。

在制冷系统中，压缩机从蒸发器吸入制冷剂气体，将其压缩成高温高压的制冷剂蒸气，排入冷凝器。在冷凝器中流动时，与外界空气进行热交换，放出热量，冷凝成常温高压的制冷剂液体，然后经节流装置节流降压后变成低温低压的气液混合物。气液混合制冷剂进入蒸发器,通过吸收由室内流过蒸发器的空气的热量,蒸发成低温低压的蒸气,再被压缩机吸入,完成一个制冷循环。周而复始,车内温度逐渐降低并最终达到制冷和除湿的目的。

三、风道系统

城轨交通车辆采用机械通风,不使用自然通风。风道系统又称送风装置,主要由风道、风口、废排装置、司机室送风单元(Tc车)等组成。

1. 风道

风道通常有送风道、回风道、排风道三种类型。

送风道一般做成静压式送风管道。此风道结构简单,尺寸小,较容易达到送风均匀。风道由若干个风道组件安装到车体上,风道组件由铝合金板材加工组装而成,内外铺设隔热保温层。

目前,一般采用两种送风系统,一种是空调机组在端部送风,连接风道进入客室内主送风道;另一种是空调机组在底部送风,连接风道送入主风道。原来没有空调系统的地铁车辆很适合改装空调机组底部送风,新旧设备的布置更易于配合。

如图7-14所示,经空调机组处理过的空气通过送风口先进入主风道,在主风道中空气一边流动,一边通过主风道送风口进入静压箱,在静压箱中进行动、静压的转换,从而达到压力平衡状态。在平衡压力下,通过静压箱的出风口重新转换成动压,以均衡的速度送出,最终达到均匀送风的目的。

1—静压箱;2—静压箱隔板;3—主风道送风口;
4—主风道;5—主风道阻力板;6—静压箱送风口。

图7-14 静压式送风示意图

回风道是车内回风使用的通道,排风道是用来排出车内污浊空气的风道。回风道、排风道的设置比较灵活,可以利用车厢内部夹层和车顶与天花板夹层作为风道,也可以专门布置管道。

城轨交通车辆空调系统多采用下送风、下回风方式。

2. 风口

风口是装在通风管道侧面或支管末端用于送风、排风和回风的孔口或装置的统称。城轨交通车辆空调系统有新风口、送风口、回风口和排风口四种。

新风口是从室外引入空气的风口。客室空调机组自带新风口,设有新风风量调节装置,可根据车辆载荷和客室内二氧化碳含量控制调节新风量的大小。新风门控制系统出现故障时,风门位于全开启状态并在司机室显示器上显示。

送风口是向客室送风的风口。一般采用铝型材,与整车内饰协调统一。目前城轨交通车辆空调多使用条缝型风口(图7-15),可以调节风量大小。

图 7-15 条缝型送风口

回风口是室内再循环空气的风口。客室回风通过设于车门两侧侧墙下部的回风口进入侧墙，利用侧墙及车门立罩板内部的空间作为回风通道，进入车顶回风通道后送入空调机组。机组内部设有回风阀，用于调节新风与回风的混合比例。紧急通风时，回风阀关闭。

排风口是排出车内污浊空气和多余空气的风口。排风口通常设置在车内座椅下。

3. 废排装置

废排装置的设置是确保客室内向客室外排气功能的实现，以防客室内正压过高造成新鲜空气输入量减少和关门困难。

现有废排装置采用两种排风方式，一是自然排风方式，利用车内的正压将废气排至室外；另一种是强制排风方式，利用风机强制将车内的废气排放到车外。

目前使用得较多的是可自动调节客室正压的自然排风装置。自然排风装置的工作原理是：为满足客室内正压的要求，设置排气装置，利用设置在车体上部的通风器风口排气，风口沿车体中心线对称布置。当车内无正压时，废排装置的调节风门保持关闭状态；当车内有正压时，废排装置的调节风门打开。根据车内正压的大小，废排装置的调节风门打开角度不同，正压越大，开度也越大。在车内新风系统关闭的情况下，车内正压消失，废排装置关闭。

相对于强制排风装置，新型自然通风装置减少了排风机的检修和维护量，更有利于车辆的运行及维护。

4. 司机室送风单元

带司机室的拖车有司机室送风单元。司机室所需冷空气由邻近的一台车顶空调机组提供，主风道由车厢末端连入司机室，司机室送风单元将向司机室提供足够的冷空气。司机室送风单元安装在驾驶室顶上，它使用风机把相邻客室主风道的空气吸进并分流。在司机室送风单元底部装有可调式送风口，司机可以根据需要手动调节风量、风向。司机室送风单元结构如图7-16所示。

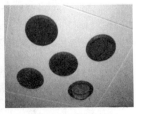

(a) 司机室送风单元结构　　　　(b) 司机室可调送风口

图 7-16　司机室送风单元

通过在司机室间壁门上开通风口，可以实现司机室送风单元在不同工作情况下的功能：在司机室送风单元风机调到高速时，由司机室向客室回风；在司机室送风单元全部关闭时，可以实现司机室和客室间的压力平衡。

5. 应急通风系统

在交流动力电源失效的情况下，空调系统自动转入应急通风。应急通风使用空调蒸发风机，由蓄电池提供 DC 110 V 电源，通过逆变器供给风机交流电源。该装置提供 45 min 的应急通风。应急通风为全新风，风量为 4 000 m^3/h 左右（视具体车型而定），此时回风阀门关闭。当交流动力电源恢复正常时，空调机组自动转为正常运转状态。

6. 采暖装置

我国城市轨道交通列车上热泵空调的应用较晚，近年来开始在部分城轨列车上安装使用。城轨列车采暖方式主要是用电加热，根据电加热的不同作用可分为预热加热和补偿加热。为了减小送风温度和车内空气温度的温度差，城轨列车通风系统通过电加热管进行预热。补偿加热通常由设在车辆客室座椅下面的加热器来加热空气。

目前，我国城轨列车电加热器使用的主要形式有三种：一是单独使用电加热器装置进行车内空气补偿加热；二是单独使用电加热空气预热管在通风系统中进行空气预热；三是电加热空气预热管和电加热器配合使用。

空调机组内设电加热器，功率约 9 kW。在空调送风机作用下，新风吸入后与回风混合，经电加热器加热后送入客室，环境温度低于 8 ℃时开始制热工况，达到 13 ℃时停止，电加热器设有温度继电器及熔断器保护。司机室送风单元内设电加热器，功率约 2 kW。

有些车辆在座椅下设电加热器，功率约 6 kW，每组双人座椅或纵向座椅下设一组电加热器。电加热器由司机室集中控制，每组电加热器内设两支电热管，可实现全暖或半暖控制，如图 7-17 所示。

图 7-17　座椅下电加热器

7. 排水装置

早期城轨列车由于雨雪积水、空调冷凝积水或者隧道内顶部的滴水都会沿顶棚流向两侧，积水夹带灰尘或污垢流经侧墙、门窗，在污水冲刷下，侧墙、端墙及门窗不易保持清洁。为了保持美观和环境清洁，需要经常打扫。目前，城轨车辆上都设置了排水装置，多采用雨檐排水装置，雨檐与排水管道形成一个连续的整体。冷凝水和雨水排到车顶空调平顶上，通过车顶上的排水管道排至雨檐，从车端集中后再通过设置于车体端墙的排水管道排放。

 地方链接

常州地铁 1 号线车辆采用车顶单元式空调机组，安装于每节车厢距端部 1/4 处，具有制冷和通风功能，如图 7-18 所示。

图 7-18　空调机组

一、每节车厢空调系统的组成

每节车厢空调系统的组成如下：2 台单元式空调机组，控制盘（内含控制器），送风、回风和废排的风道系统各一套，回风温度传感器，新风温度传感器，送风温度传感器，Tc 车司机室顶部还设有一套司机室通风单元。

二、性能参数

通风性能：每台空调机组送风量 4 000 m^3/h，新风量 1 300 m^3/h，紧急通风量 2 000 m^3/h。整车送风量 8 000 m^3/h，新风量 2 600 m^3/h，紧急通风量 4 000 m^3/h。

制冷性能：每台空调机组制冷量 37 kW，整车制冷量 74 kW。

采暖性能：每台空调机组设置 9 kW 电加热，座椅下设置 4 kW 电加热，整车共 22 kW。

空调机组：单元式机组，下送风、下回风方式。

送风道：采用静压送风道，送风均匀，无死区。

排水：采用雨檐排水，易于维护。

废排：采用被动式废排，纯机械结构。

司机室通风单元：送风量为两级，通风单元内设置 2 kW 电加热。

三、安装

客室空调机组安装于车顶，密封形式为密封条压接，与车辆的连接采用减震器加螺栓结构。空调机组的密封与安装如图 7-19 所示。

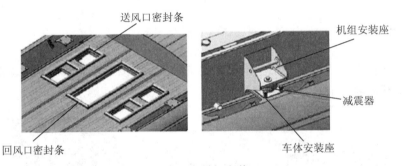

图 7-19 密封与安装

客室风道采用静压式均匀风道，保证整车无送风死区。风道壳体采用 1.2 mm 铝合金板，外贴 13 mm 隔热材料，风道安装于内装纵梁和横梁上，如图 7-20 所示。

图 7-20 风道总体布置及安装座

客室废排装置安装于车顶中部，每辆车安装 4 套废排装置，如图 7-21 所示。

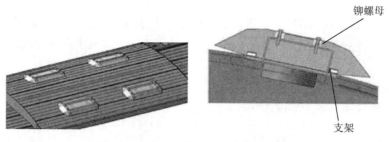

图 7-21　车顶废排布置及安装示意图

冷凝水和雨水排到车顶空调平顶上，通过车顶上焊接的铝管以及连接软管排至雨檐，再从车端集中后排放。空调平顶排水口设置排水滤网，防止堵塞，如图 7-22 所示。

司机室通风单元通过安装梁安装于司机室骨架横梁上，如图 7-23 所示。

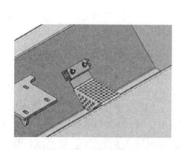

图 7-22　排水滤网

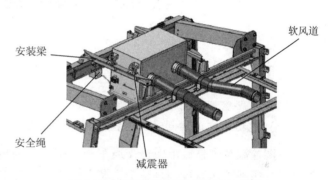

图 7-23　司机室通风单元安装示意图

 练习题

一、填空题

1. 城轨交通车辆空调机组采用的是_____式制冷，属于_____制冷。

2. 空调机组各零部件组装在一个不锈钢板制成的箱体内，主体分为_____、_____及_____三个部分，加盖板后形成一个整体。

3. 空调机组与车体之间采用_____连接，通过风道与客室内部相通。

4. _____是制冷系统的核心，主要功能是压缩从蒸发器传送来的制冷剂气体，使其变成_____。

5. _____的制冷剂气体通过冷凝器时，在室外空气的冷却下，变成_____的制冷剂液体。

6. _____的制冷剂与室内空气进行热交换，在制冷剂气化的同时，冷却室内空气。

7. 目前，城轨交通车辆空调选用的制冷剂主要有两种类型，即_____和_____。

8. 城轨交通车辆采用_____通风，不使用_____通风。风道系统主要由_____、_____、_____、司机室送风单元（Tc 车）等组成。

9. 风道通常有_____、_____及_____三种类型。

10. 城轨交通车辆空调系统风口有_____、_____、_____和_____四种。

二、简答题

1. 简述城轨交通车辆空调机组的制冷原理。
2. 简述应急通风系统的作用。

课题三　空调控制系统

课题目标

（1）了解空调控制系统的组成及作用。
（2）能描述空调控制系统的控制模式、工况、运行模式。

空调控制系统是城市轨道交通车辆空调系统的核心部分，控制空调系统在各种工况下有条不紊地运行，是整个空调系统正常运行的重要保障。在车辆上使用空调控制系统，关键是考虑它的可靠性、可触及性、自动化程度及电磁兼容性。

一、空调控制系统的组成

城市轨道交通车辆空调控制系统一般是由控制盘、紧急逆变器、监控通信系统等组成。

1. 控制盘

控制盘又称空调控制柜，是空调系统的控制中心。它按设定的程序准确控制整个空调系统正常工作，在手动或自动模式下完成通风和加热功能。司机室设有集控开关，可对全列车空调进行集中控制。控制柜内设有转换开关，可将本车空调机组设置为集控或本车控制。每辆车配有一台空调控制柜，一般布置在车端电气柜里，如图 7-24 所示。

控制盘由可编程逻辑控制器 PLC（Programmable Logic Controller）或空调控制器、DC 110 V 直流供电系统（控

图 7-24　空调控制柜

制电路）、AC 380 V 交流供电系统（空调机组主电路）、外围控制元件（包括接触器、继电器、保护电路等）和监控通信模块电路组成。

如图 7-25 所示，控制盘的可编程逻辑控制器 PLC 或空调控制器有中央处理单元、数字量扩展模块和模拟量扩展模块。模拟量热电阻模块可采集车内温度信息，通过与软件设定的温度进行比较后，实现空调机组通风和制冷、制热等各工况。中央处理单元和扩展模块面板上自带的小灯提示空调机组运行和故障情况。

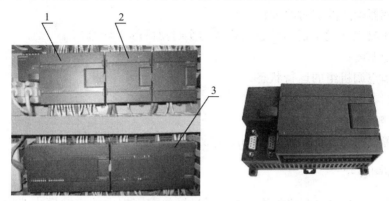

1—PLC；2—模拟量扩展模块；3—数字量扩展模块。

图 7-25　PLC

控制盘有如下功能：

（1）微机控制模式。

系统由软件控制，通过操作电源开关、工作模式选择开关和温度选择开关的动作实现通风、弱冷、中冷、强冷和预冷等功能。

（2）通信。

通过通信接口，系统可与便携式计算机进行通信。通过计算机监控软件查看空调机组的运行状态和故障信息。

（3）温度设定。

温度设定通过温度选择开关实现。温度选择开关分挡位，有自动位和设定具体温度几个挡位。在自动位时，车内设定温度与车外空气温度的关系按规定关系式计算后设定。

2. 紧急逆变器

紧急逆变器是一种 DC/AC 逆变器，把输入的直流 110 V 转换为三相交流 220 V。紧急逆变器通常安装在车内的电气柜中。

当客室和司机室的空调机组在由辅助逆变器输出的三相电源供电工作时，紧急逆变器处于备用状态。当两路主电源和空调控制盘都出现故障时，紧急逆变器将蓄电池的能量转换成三相交流 220 V 继续给空调机组内的通风机交流电机供电，使通风正常，供通风机使用 45 min。

3. 监控通信系统

（1）通信。

PLC 或空调控制器自带接口，通过通信电缆，一端接 PLC 或空调控制器的通信口，另一端接便携式计算机，即可通过标准口直接进行信息传递。

（2）监控。

通过外接计算机，可以查询的内容有：

① 传感器检测的实时温度；

② 车厢温度（两个机组传感器检测的实时温度的平均值）；

③ 设定温度；

④ 当前空调机组的运行状态；

⑤ 机组各电机的运行情况；

⑥ 压缩机的累计工作时间；

⑦ 故障信息，包括当前故障和历史故障及相关维修记录。

二、控制模式

控制模式有集控和本控两种方式，通过操作控制柜内的控制模式选择开关可选择不同的方式，此开关有"集控"及"本控"两个挡位。

集控：若控制模式选择开关在"集控"位置，控制柜和列车监控系统相连，此时全列车各空调机组由司机集中控制。

本控：若控制模式选择开关在"本控"位置，可对每辆车的控制柜进行单独控制，在测试或检修时选用此模式。

三、工况选择

集控和本控都有不同的工况。对于集控，可通过操作司机室内的人机界面选择不同的方式，对整车的空调机组进行控制。对于本控，可通过操作温度控制板上的触摸屏对空调机组进行单独控制。

对于集控，设置有 5 个工况。

（1）自动：可通过司机室内的显示器进行统一控制和温度设定。

（2）测试：此时空调控制器根据各自的温度传感器进行客室内温度控制。

（3）通风：此时只有送风机部分可运行。

（4）强风：此时回风门全开，新风门全开，蒸发器风机高速运行。

（5）停止：负载的关闭顺序为先关闭压缩机，后关闭冷凝器风机，最后关闭蒸发器风机。

四、运行模式

城市轨道交通车辆空调机组可工作在制冷（25%制冷、50%制冷、75%制冷、100%制冷）、制热（全热、半热）、通风、强风、紧急通风以及减载、预冷、预热等工作模式。在自动状态下，空调控制器可根据各温度传感器的数值进行制冷量需求计算，从而选择一个合适的工作模式，以保证客室维持在一个舒适的温度、湿度环境中。

1. 制冷

车辆的制冷负荷随外部环境及乘车人数的变化而变化。为实现温度舒适性条件下的节能，制冷模式时压缩机分 4 级控制。空调控制器根据温度传感器的信息（新风、送风、回风温度）及设定的温度曲线，自动判定制冷需求并选择相应的工作模式，而且新风阀、回风阀全部打开。

（1）100% 制冷模式：单台空调机组中 4 台压缩机全部运行。
（2）75% 制冷模式：单台空调机组中 3 台压缩机运行，输出约 75% 的制冷量。
（3）50% 制冷模式：单台空调机组中 2 台压缩机运行，输出约 50% 的制冷量。
（4）25% 制冷模式：单台空调机组中 1 台压缩机运行，输出约 25% 的制冷量。

2. 制热

制热模式时，根据温度传感器的信息及设定的温度曲线，空调控制器可自动判定空调机组处于全热还是半热模式。客室电加热器纳入空调控制器中管理。

3. 通风

在无制冷制热需求时，空调机组将工作在通风模式。在通风模式下，只有通风机工作，压缩机、电加热器和冷凝风机将停止工作，而且新风阀、回风阀全部打开。

4. 强风

当需要使用大风量送风时，可由司机控制启动强风模式。相关负荷信息可通过列车网络车辆总线获取。强风模式时新风阀、回风阀全部打开，蒸发器风机高速运行，压缩机按正常模式运行。

5. 紧急通风

紧急通风时通风机可在满足风量要求的情况下降频降压运行。新风阀全部打开，回风阀全部关闭。

6. 减载

当一台辅助电源发生故障时，由另一台正常工作的辅助电源向所有空调机组供电，空调机组自动减载运行，制冷能力减半。当辅助电源恢复正常时，空调机组自动转换为正常的制冷模式。

7. 预冷或预热

列车空调机组的第一次启动阶段空调控制器得电，空调控制器首先进行系统自检，如一切正常且根据温度判断有制冷或制热需求，则系统自动开始预冷或预热模式。此时新风阀全关，回风阀全开，新风负荷为零，系统运行在全回风状态，从而实现对客室快速降温或升温，以尽快接近目标温度。当室内温度达到目标温度后，系统转入通风模式。如果在规定时间内没有达到目标温度，则自动转入正常制冷或制热模式，即新风门开启，保持正常的新风、回风比。在预冷或预热过程中，操作人员可通过司机室操作面板或本地控制板随时解除。

地方链接

常州地铁1号线车辆空调控制系统简介。

一、司机室通风单元控制

司机室通风单元直接由司机室风机调速开关控制,该开关有3个挡位:高速、低速、停止。

电加热由温控器及开关控制,开关设有"半暖""全暖""关"3个挡位。拨在"半暖"或"全暖"位时,电加热启动,此时可在温度控制器上手动调节温度(温控器上最高可设置到22 ℃,当室外温度为0 ℃,司机室温度不低于18 ℃)。若安装在司机室的温度传感器检测到司机室温度达到了设定温度,将通知温控器断开内部触点,停止电加热;若温度传感器检测到司机室温度低于设定温度,将通知温控器闭合内部触点,启动电加热。

二、客室空调控制

1. 集中控制

客室空调控制优先采用集中控制。列车启动后,操作司机室显示单元DDU屏上的"自动"按钮来运行空调。

2. 本车控制

在每个客室空调盘上设有模式调节开关和温度选择开关。模式调节开关可使空调工作于以下6种工况:集控、制冷、制热、自动、通风和停止;温度选择开关可选择:22 ℃、24 ℃、26 ℃、28 ℃。当模式调节开关在"制冷"位时,温度选择开关才起作用。

3. 紧急通风

在辅助逆变器发生故障的情况下,紧急通风逆变器将蓄电池提供的DC 110 V逆变成三相AC 220 V供司机室及客室空调通风机使用,保证车厢内通风顺畅。在列车中压供电发生故障时,延时启动紧急通风逆变器,延时时间为20 s(时间可调),延时功能由紧急通风逆变器实现。在紧急通风逆变器工作45 min之后自动停止工作。

4. 新风阀控制

为达到节能的目的,新风阀的工作位置有1/3开度、2/3开度、全开、关闭4个。空调在正常制冷、制暖运行模式下,空调控制系统能够根据发送的载客量信号对新风量进行自动调节。新风控制系统发生故障或遇车辆通信故障、载荷信号故障时,新风阀打开至全开状态。在隧道内发生火灾时,司机可通过"新风阀关闭"按钮关闭新风阀。

5. 热保护控制

每个电加热都设有热保护,当任意一个电加热过热时,控制盘将切断该路所有座椅下的电加热器。

练习题

一、填空题

1. 城轨交通车辆空调控制系统一般是由_____、_____、_____等组成。
2. 在车辆上使用空调控制系统，考虑的关键因素是_____、_____、_____及电磁兼容性。
3. 控制模式有_____和_____两种方式，通过操作控制柜内的控制模式选择开关进行选择。
4. 50%制冷模式：单台空调机组中_____台压缩机运行，输出约_____的制冷量。
5. 紧急通风时，_____全部打开，_____全部关闭。

二、简答题

1. 集控控制时，设置几种工况？是什么工况？
2. 简述城轨交通车辆空调系统的运行模式。

课题四　空调系统认知实训

一、实训目标

（1）熟悉城市轨道交通车辆空调控制系统结构。
（2）能准确指认车辆空调机组的主要组成部分。
（3）能正确指认各组成位置。
（4）学会利用相关专业书籍、网络等途径查询实训车辆空调控制系统的主要技术参数。

二、实训设备和工具

城市轨道交通车辆一辆及车辆实训设备。

三、实训过程

（1）分组实践，分组考核。
（2）独立完成实训考核，填写相关表格。

单元八

电气系统

单元导入

电气系统属于车辆的核心系统，被誉为城轨交通车辆的"心脏"和"大脑"，在保证车辆安全、正点、平稳地行驶方面起着至关重要的作用。电气系统还直接影响着车辆的节能、乘客的体验和车辆的自动化、智能化，其技术发展对城市轨道交通的快速发展起到了核心推动作用。电气系统中牵引系统是车辆的动力源，辅助供电系统为除牵引系统外的所有用电设备提供供电电源，网络控制系统提高了列车运营管理水平和服务质量。

查一查

牵引系统是地铁的核心零部件，地铁"红小梦"的牵引系统都是在图 8-1 所示的牵引系统生产车间里完成设计和生产的。请查询这家生产企业，"红小梦"还有哪些系统也是由这家企业打造的？

图 8-1　牵引系统生产车间

课题一 概 述

课题目标

（1）掌握电气系统的主要组成。
（2）能指认电气系统主要组成的安装位置。

电气系统作为城市轨道交通车辆中的重要组成部分，对于轨道交通车辆的运行质量有着直接的影响。电气系统由网络控制系统、牵引系统、辅助供电系统、车门控制系统、空调控制系统、乘客信息系统等组成，主要组成设备在车辆上的安装位置如图8-2所示。

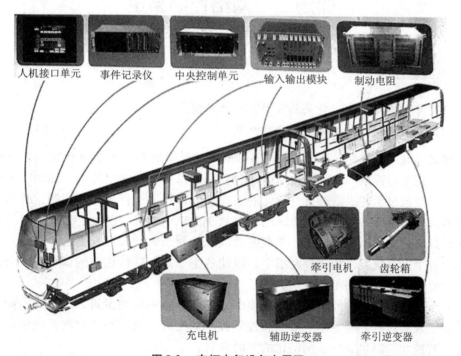

图8-2 车辆电气设备布置图

现代城市轨道交通车辆要求电气系统提供一个稳定的车辆运行环境，因此对电力驱动控制技术的要求越来越高；空调的舒适度、安全性也直接影响能源的利用率，因此空调系统技术的节能性越来越被重视，其中网络通信的重要性也是不言而喻的。

一、填空题

1. 被誉为城轨交通车辆的"心脏"和"大脑"的组成系统是_____。
2. 电气系统中_____系统是车辆的动力源，_____系统为除牵引系统外的所有用电设备提供供电电源，_____系统提高了列车运营管理水平和服务质量。
3. 人机接口单元安装在_____，充电机安装在_____。

二、查一查

国内城市轨道交通车辆电气装备制造企业主要有哪些？

课题二 网络控制系统

 课题目标

（1）了解网络控制系统的构成单元及其功能。
（2）能说出网络控制系统的主要功能。

网络控制系统（Network Control System）对列车的各个子系统和相关外部控制电路的信息进行读取、编码、通信传递、数据逻辑运算及输出控制，如同人类的神经系统，能通过手和眼睛对自身所处的状态、外部环境进行感知和控制，并对不同情况做出一定反应。网络控制系统则是对列车的供电状况、速度、列车运行模式等状态信息进行实时监控和识别，并根据读取到的列车驾驶人员发出的指令信息，对列车上各个子系统发出相关控制指令，以使各个子系统进行相应的调整，符合设定的功能要求，实现对列车的控制。

列车网络控制系统经历了一个由简单到复杂、由单片到多机、由功能控制到信息控制的发展过程。随着电子器件和控制技术的发展，列车网络控制系统将朝着高精度、智能化、高可靠性、网络化的方向发展。

世界各国开发了不同的网络控制系统，但基本所有的系统均采用模块化的功能配置，因为建立具有明确接口的功能模块，有利于增强电子控制系统的适应性和灵活性，能够快捷地、经济地满足用户的不同需要。网络控制系统一般都具备牵引控制、制动控制、辅助逆变控制、车门控制、故障检测、诊断存储等功能模块。

车辆网络控制系统的先进性和可靠性直接影响着车辆的性能与安全。下面以中车大连电力牵引研发中心自主研制的国产化列车控制和管理系统 TCMS 系统来说明网络控制系统的构成与功能。

一、网络拓扑

这种 4M2T 地铁车辆为 6 辆编组，由两个完全相同的列车单元组成，对应列车编组结构，其网络控制系统也由两个完全相同的 3 车单元组成，如图 8-3 所示。该系统通过总线网络与车辆主要设备连接，实现车辆的控制、管理、监视和故障诊断以及事件记录功能。系统符合 IEC 61375—1 标准（列车通信网络国际标准），使用了两级总线结构，其中列车总线和车辆总线均采用多功能车辆总线 MVB，电气接口为电气中距离 EMD 介质，传输速率可以达到 1.5 Mbit/s。

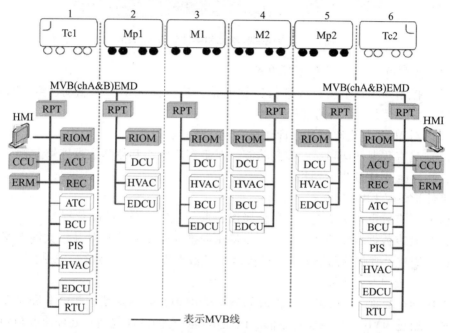

ACU—辅变控制单元；REC—充电机；ATC—列车自动控制；BCU—制动控制单元；DCU—牵引控制单元；PIS—乘客信息系统；HVAC—空调控制单元；EDCU—电子门控单元；RTU—无线传输单元；RPT—中继器。

图 8-3 车辆网络拓扑图

整车网络控制系统配置了中央控制单元 CCU、事件记录仪 ERM、人机接口单元 HMI、MVB 中继器 RPT、远程输入输出单元 RIOM，其中 RIOM 包括数字量输入模块 DI、数字量输出模块 DO 和模拟量输入输出模块 AX。6 个中继器之间使用了列车总线，每个中继器下面构建一个车辆总线 MVB 网络（EMD 介质）。

二、单元功能

1. 中央控制单元 CCU 与事件记录仪 ERM 机箱

每辆列车配置 2 个装有 CCU 和 ERM 的中央控制单元和事件记录仪机箱（图 8-4），分别位于 Tc1 和 Tc2 车，通过 MVB 总线和其他设备通信。CCU 和 ERM 是网络控制和故障诊断系统的核心，在正常运行条件下，Tc1 车 CCU 与 Tc2 车 CCU 互为冗余。

图 8-4 中央控制单元和事件记录仪机箱

中央控制单元 CCU 具有如下功能：

（1）控制列车和车辆总线进行数据通信，执行诸如牵引、制动、空-电联合、空调启动与关闭等一系列的过程控制。

（2）对 MVB 总线通信具有管理和自我校验的能力。

（3）具有数据处理和显示控制功能，对于车辆状态和故障数据能够监视、采集处理，并且通过 HMI 提示司机。

事件记录仪 ERM 具有如下功能：

（1）具有数据记录功能，如司机操作数据、事件数据、故障数据等。

（2）具有数据转储功能，用户可以使用便携式检测装置 PTU 从以太网下载记录的数据，通过可视化的图形界面对故障或事件数据进行显示、跟踪、复制等。

2. 人机接口单元 HMI

每辆列车配置 2 个触摸屏彩色液晶显示器 HMI，分别安装于 Tc1 车和 Tc2 车的司控室，通过 MVB 与其他设备通信。该显示器具有的特性包括：处理速度与网络控制系统的性能相适应；屏蔽性能、抗干扰性和耐振动能力良好；显示屏显示形式易于操作等。

HMI 作为司机和维护人员操作的接口单元，具有如下功能：

（1）列车运行信息显示：包括网压、网流、速度、站点等车辆综合信息，各设备的工作状态，故障信息的汇总、显示和处理等。

（2）车辆参数设定：比如对轮径值、空调温度、时间日期等参数进行更改与设定。

（3）数据的上传与下载：通过以太网可以更换新版显示器软件，也可以下载已存的故障信息和运行事件记录进行分析。HMI 显示器界面结构图如图 8-5 所示。

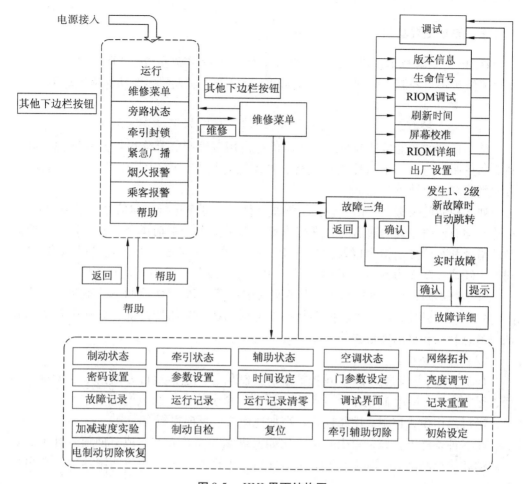

图 8-5　HMI 界面结构图

3. 远程输入输出机箱 RIOM

机箱采用欧洲标准 6U 结构，该结构产品在结构、振动、散热、EMC 屏蔽等性能方面非常稳定可靠。RIOM 机箱包括电源板卡 PWR、网关板卡 GW、数字量输入板卡 DI、数字量输出板卡 DO、模拟量输入输出板卡 AX。其中，GW 网关板卡和 IO 板卡相关的通信地址及设备地址通过旋转拨码开关进行设置。RIOM 机箱各板卡功能如下：

（1）电源板卡 PWR：为整个 RIOM 机箱其他设备提供 DC 5 V 和 DC 24 V 电源。

（2）网关板卡 GW：实现 MVB 总线和 CAN 总线以及对外 RS485 总线的通信。

（3）数字量输入板卡 DI：实现数字量信号的采集输入。

（4）数字量输出板卡 DO：采用继电器作为开关单元，实现数字量信号的输出。

（5）模拟量输入输出板卡 AX：实现模拟量信号的采集输入和控制输出。

（6）中继器 RPT：实现信号的中继功能。

三、系统主要功能

TCMS 对车辆整车、牵引系统、制动系统、辅助电源系统、ATC 系统、车门及空调系统等进行控制、监视、故障诊断和运行记录，实现的主要功能描述如下。

1. 控制功能

（1）整车控制。

整车控制的功能包括列车激活和司机室占用端判断、升降弓控制和监视、高速断路器控制和监视、车门控制和监视、列车运行模式、牵引制动状态、限速模式、方向判断和级位计算等。

列车控制的关键 I/O 信号包括钥匙激活信号、列车运行方向信号、牵引/制动级位等，均有两路不同的通道同时进行采集。牵引指令、制动指令、方向指令、紧急制动指令和车门控制指令以及信号系统所需的关键车辆信号等，既可以网络传输，同时用硬线控制作为备用。在 CCU 软件中通过"或"的关系采集判断信号。

整车基本限速值是 80 km/h，在不同的运行模式和 ATO 控制下，车辆速度有不同的限速值。另外，需考虑转向架制动不可用和各种旁路的情况，分别进行牵引封锁、紧急制动和显示屏报警等控制。

（2）牵引系统。

TCMS 采集并发送给 DCU 司控器牵引控制信号，包括运行方向指令（向前、向后、无方向）、牵引/制动指令（牵引、制动、牵引禁止）和级位。

运行操作模式控制：洗车模式、高加速模式、反向运行等。

在多种条件下会施行牵引封锁，比如操纵端冲突、无方向或方向信号冲突、紧急制动和快速制动、6 架以上车制动不可用、车辆速度大于相应的限速值、总风压低于 600 kPa 等。

（3）制动系统。

TCMS 发送给 BCU 的控制信号包括制动指令（常用制动、快速制动、紧急制动）和级位。

动车车辆的空电联合制动由 TCMS 协调管理，TCMS 先根据 MVB 收到的级位和车辆负荷进行整车的制动力计算，然后将整车制动力和制动级位发送给 BCU（只发送级位信息给 DCU），DCU 根据级位施加相应的电制动力，并将电制动力反馈给 BCU，BCU 根据总制动力和实际电制动力进行计算，完成空气制动的补充。

在 ATO 模式中，BCU 检测到非牵引工况且速度低于 0.5 km/h 时，延时一定时间后自动施加保持制动。正常情况下，保持制动的缓解由 TCMS 执行，当接收到 DCU 发送的牵引力值大于车辆下滑力时，发出保持制动缓解指令。

（4）辅助电源系统。

TCMS 通过辅助逆变器正常和辅助逆变器故障信号来判断是否需要进行扩展供电，列车辅助逆变器通过扩展供电接触器进行冗余。

当列车有一台辅助逆变器 SIV 故障且网压正常时，故障辅助逆变器输出扩展供电请求，TCMS 采集到信号后由另一台辅助逆变器开始进行扩展供电。同时 TCMS

给空调系统发送减载指令以延长蓄电池使用时间,在收到空调反馈的减载成功指令后,发出扩展允许指令使扩展接触器闭合,辅助逆变器完成扩展供电。

(5) 系统冗余设计。

① CCU 主控冗余。

TCMS 中的两个 CCU 互为热备冗余,网络正常运行时,拨码为 5 的 CCU 激活作为主控 CCU,实现网络管理与运行控制功能。拨码为 9 的 CCU 作为备用,时刻监视主控设备状态,当主控设备出现故障时,备用设备接替原来 CCU 的工作,从而确保整个网络系统正常运行。

② RPT 冗余。

RPT 板卡分别对 A、B 路信号进行中继传输,板卡上的 A、B 路处理器采用了完全冗余的隔离供电、隔离处理芯片及隔离电气接口。

③ MVB 线路冗余。

为提高地铁车辆运行的安全性和可靠性,MVB 总线采用符合 IEC 61375 标准的 MVB EMD 电缆,具有冗余结构,即线路 A、线路 B 两路通道。线路 A 和线路 B 都有独立的总线接口和通信线缆,MVB 通过总线连接器或 RIOM 与各子系统连接,控制各子系统完成相应的功能。

(6) 乘客信息系统。

TCMS 向 PIS 发送控制指令,PIS 系统根据相关车辆控制信号实现紧急广播、故障上传、全自动报站及半自动报站等功能。当列车上发生紧急情况时,可通过司机室 HMI 进行紧急广播代码设定,CCU 将代码设定值转发给 PIS 系统,由 PIS 系统进行全车的紧急广播。

当车辆处于 ATO 模式时,CCU 将 ATC 发出的相关报站信息转发给 PIS 系统进行报站,从而实现全自动报站功能。

TCMS 可以通过 HMI 人工设定站点信息、线路信息、到站广播和离站广播。

(7) 空压机和空调顺序启动控制。

TCMS 可以控制空压机组、空调机组顺序启动,空压机的启动优先级高于空调压缩机的启动优先级。当判断有空压机进行启动时,空调系统压缩机不能启动;当空调系统正在启动过程中,若空压机启动,则空调系统压缩机启动延时。

① 空压机启动方案。

每辆列车有两台空压机。TCMS 根据单双日来确定哪端空压机工作,则另一台处于热备状态。TCMS 从 BCU 获得主风管的压力信息,进而控制空压机的启停,方案为:a. 主空压机所在单元的主风管压力低于 800 kPa,一台空压机启动,主空压机所在单元的主风管压力高于 900 kPa,空压机停止工作;b. 主空压机所在单元的主风管压力低于 750 kPa,两台空压机顺序启动,主空压机所在单元的主风管压力高于 900 kPa,空压机停止工作。

为防止启动电流过大,两台空压机不能同时启动,主空压机启动后,TCMS 设置启动时间间隔,从空压机在该时间后再启动。

② 空调机组启动方案。

空调控制单元根据时间信息进行初始化，向 TCMS 提供空调系统压缩机的启动请求信号，用于请求启动该车的空调机组。随后 TCMS 根据辅助电源的运行状态和空压机的启动情况，发出空调系统压缩机启动允许指令。整个控制过程必须保证一个列车单元组中空调系统的两台压缩机不同时启动，根据辅助电源的运行状态，TCMS 进行逻辑判断后发出空调系统压缩机启动允许指令。

若两个辅助电源中的一台发生故障，空调系统进入减载运行模式，此时空调系统压缩机启动允许指令。多节车同时发出启动请求时，TCMS 以轮询的方式响应 HVAC 启动请求指令，按照 Tc1→Mp1→M1→M2→Mp2→Tc2→Tc1…循环发出启动允许指令，两个启动允许指令时间间隔 5 s，如果检测到一个启动允许指令有效，那么前一个启动允许指令自动失效。

当所有列车都发出启动请求指令时，启动允许指令时序图如图 8-6 所示。

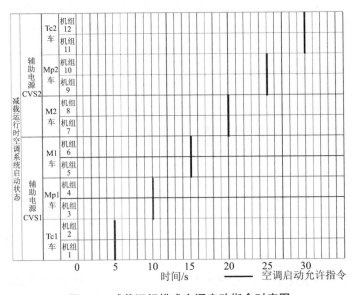

图 8-6　减载运行模式空调启动指令时序图

若辅助电源全部正常工作，以一个列车单元组空调系统为一个控制单元发出空调系统压缩机启动允许指令。

当位于一个列车单元组的多节车同时发出启动请求时，TCMS 以轮询的方式响应 HVAC 启动请求指令，以 Tc1→Mp1→M1→Tc1…和 Mp2→M2→Tc2→Mp2…同时进行的方式独立循环发出启动允许指令。在一个列车单元组范围内，如果检测到一个空调启动允许指令有效，那么前一个空调启动允许指令自动失效，两个启动允许指令时间间隔 5 s。

当所有列车都发出启动请求指令时，启动允许指令时序图如图 8-7 所示。

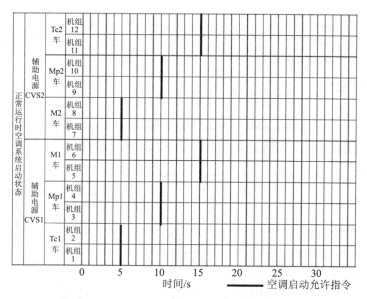

图 8-7 正常运行模式空调启动指令时序图

2. 监视功能

TCMS 监视网络系统自身以及其他各列车设备的主要信息,包括网压、网流、列车速度、牵引制动状态和级位、列车操作端和方向、车门状态和门控信息、设备在线状态、高速断路器状态、空压机状态等。网络系统持续监视车载主要设备的状态并通过 HMI 显示屏显示各设备的状态信息。

除列车的运行状态信息外,HMI 显示屏还可以详细地显示制动状态、牵引状态、辅助状态、空调状态、旁路状态、牵引封锁、烟火和乘客报警等。在每个功能页面中可以详细地监视各子设备的状态和信息。

3. 故障诊断和事件记录功能

故障诊断和事件记录系统实现对故障和事件信息的识别采集与处理,以及故障信息的输出功能。所有的诊断以及故障信息能提供给整组列车。在该系统中,事件记录仪 ERM 通过车辆 MVB 总线接收从各子系统传来的故障和事件信息,并附带详细的相关数据和对应的时间。

ERM 负责存储列车发生的事件和故障信息,包括故障等级、故障记录、运行记录、事件记录、自诊断功能、数据上传/下载等 6 个部分。

TCMS 的故障诊断功能可以协助司机和维护人员进行工作。当故障发生时,将以弹出文本信息的方式在 HMI 上显示,提示司机采取适当的操作,并使维护人员更容易查找并解决故障。

4. 维护功能

TCMS 使用 PTU 软件对车辆进行调试和维护,通过可视化的图形界面对故障和事件变量进行显示、跟踪、强制等。

(1) 离线数据下载和分析功能:PTU 可以通过以太网下载 ERM 中已存的数据,对数据和运行记录进行图形化的显示和分析。

（2）变量在线监视功能：PTU 可以通过以太网实时监视变量信息。

（3）保存实时监控的数据功能：可以选择以文件形式保存实时监控的数据。

地方链接

常州地铁 1 号线车辆是 4M2T 的车辆编组形式，网络控制系统也由两个完全相同的 3 车单元组成，图 8-8 所示是一个 3 车单元的网络结构。

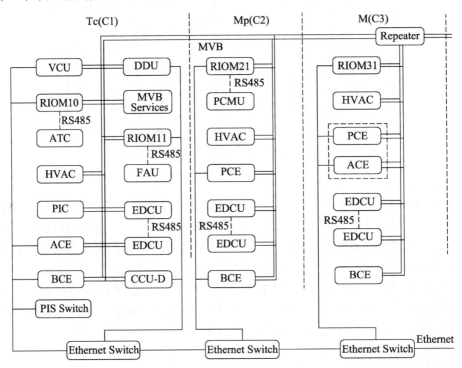

ACE—辅助变流器电子控制装置；ATC—列车自动控制系统；VCU—车辆控制单元；BCE—制动电子控制；DDU—司机显示单元；EDCU—电子门控单元；HVAC—空调控制单元；Repeater—中继器；MVB Service—MVB 维护接口；PCE—牵引电子控制装置；PIC—旅客信息系统控制单元；RIOM—远程输入输出模块；MVB—多功能车辆总线；CCU-D—牵引辅助故障诊断单元；FAU—火灾报警装置；PCMU—弓网监测单元；PIS Switch—地面 PIS 三层交换机；Ethernet Switch—以太网交换机。

图 8-8　3 车单元的网络结构

列车通信网络由 MVB 总线构成，传输速率达到 1.5 Mbit/s。车辆控制单元 VCU 连接在 MVB 总线上，能够监视、控制整列车，并将诊断的信息发送到司机室显示器上，帮助司机进行驾驶操作。两个 VCU 互为冗余，分为强主 VCU 和弱主 VCU。在强主 VCU 工作时，弱主 VCU 一直处于侦听状态（只接收数据，但不发送），当强主 VCU 发生故障时，弱主 VCU 马上自动接替强主 VCU 工作，保证列车正常运行。

两个单元之间设置冗余的中继器。每辆车的车门控制设备通过两个适配器连接到 TCMS 网络，车门控制设备之间通过内网连接，FAU 通过 RIOM11 连接至 MVB 网络中，PCMU 通过 RIOM21 连接至 MVB 网络中，ATC 通过 RIOM10 连接至 MVB 网络中。

一、写出下列英文字母缩写在城轨系统中的中文含义

NCS _____ TCMS _____ MVB _____

CCU _____ HMI _____ ERM _____

RIOM _____ EDCU _____ DCU _____

二、填空题

1. 随着电子器件和控制技术的发展，列车网络控制系统将朝着_____、_____、_____、_____的方向发展。

2. 世界各国开发了不同的网络控制系统，但基本所有的系统均采用_____的功能配置。

3. TCMS对车辆整车、牵引系统、制动系统、辅助电源系统、ATC系统、车门及空调系统等进行_____、_____、_____和运行记录。

三、简答题

1. 简述中央控制单元的功能。
2. 简述事件记录仪的功能。
3. 简述人机接口单元的功能。

四、查一查

城市轨道交通列车总线和车辆总线的网络结构主要有哪几种？各自的特点是什么？

课题三 乘客信息系统

课题目标

（1）熟知乘客信息系统的组成和作用。

（2）能说出乘客信息系统的特点。

乘客信息系统PIS（Passenger Information System）是依托多媒体网络技术，以计算机系统为核心，通过列车的显示终端，让乘客及时准确地了解列车运营信息和公共媒体信息的多媒体综合信息系统。乘客信息系统以多媒体播放的形式向乘客提供当前线路的车站信息和换乘信息；遇到紧急情况时，乘客可以通过报警装置通知地铁工作人员进行处理；实时监控列车车厢，保存监控录像；支持灵活的时间周期广告业务。

一、乘客信息系统的组成

乘客信息系统主要包括列车广播系统 PA、乘客信息显示系统 PIDS、列车视频监控系统 CCTV 三个部分。

1. 列车广播系统 PA

列车广播系统包括司机室广播机柜、客室广播机柜、广播控制盒、紧急报警器、车站地图闪灯式报站装置、终点站显示屏以及与无线 Radio、TCMS、CCTV 的接口等,其结构框图如图 8-9 所示。

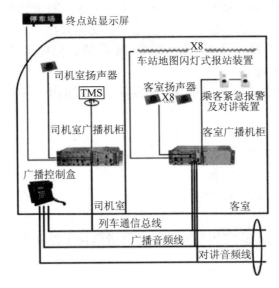

图 8-9 列车广播系统结构框图

为了适应城市轨道交通系统的应用环境,满足广播通信系统的多功能需求,广播通信采用三种总线方式。

(1) 广播音频总线。用于列车广播音频信号,如话筒音频信号、MP3 数字报站音频信号、Radio 无线音频信号、媒体伴音信号等在车辆间的传输。广播音频总线采用定压传输方式,能有效避免各种电气设备对广播音频信号的干扰。

(2) 对讲音频总线。用于司机室与司机室之间对讲音频信号、司机室与客室之间紧急报警音频信号的传输,实现列车对讲及紧急对讲功能。对讲音频总线也采用定压传输方式。

(3) 列车通信总线。用于列车控制信息的传输。列车通信总线采用 RS485 总线主从工作方式。

2. 乘客信息显示系统 PIDS 及列车视频监控系统 CCTV

车载 PIS 及 CCTV 系统包括车载控制器、车载交换机、车载视频服务器、LCD 播放控制器、LCD 分屏器及显示屏、车载摄像机及编码器、客室交换机、司机触摸屏、无线网桥等,其结构框图如图 8-10 所示。

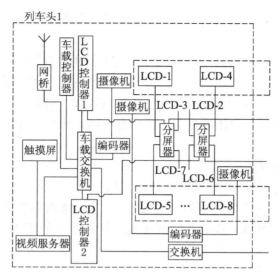

图 8-10 车载 PIS 及 CCTV 结构框图

车载 PIS 设备主要通过移动宽带传输网传输实时或预录接收信息,利用车载 LCD 播放控制器进行解码后,在本列车的所有 LCD 显示屏上实时播放。同时,车载 CCTV 设备还通过移动宽带传输网络通道将车上监视图像传送到运行控制中心 OCC。

(1) 乘客信息显示功能。

乘客信息显示系统能使列车实时接收、存储并播放分中心下发的新闻、公告、商业广告等。车载信息的播放由播放控制设备根据播放列表自动进行,播出版面在正常运营期间自动定时切换而不需人工干预。在出现接收故障、中心故障或通道故障等情况下,系统进行自动切换,用已存储信息进行播放,乘客不会有明显的感觉。

(2) 车载视频监视功能。

车载视频系统是地铁运营、管理现代化的配套设备,是供运营、管理人员实时监视运行列车内旅客情况,确保安全正点运送旅客的重要手段。从列车上摄像机采集车厢内乘客情况视频信息,通过相应车厢内网络交换机传入车载交换机,并存储在车载视频存储服务器,利用司机室触摸屏查看视频图像。同时车载控制器将接收车载视频存储服务器送来的视频及网络信号,以 IP 包的形式传至移动宽带传输网。控制中心和地面其他部门通过 PIS 移动宽带传输网能够随时查看车载视频监视系统的实时画面和存储的录像资料。

二、乘客信息系统的特点

1. 可靠的系统冗余设计

(1) 主控设备的冗余。

两个列车广播控制器采用主从工作模式,一旦主列车广播控制器(在激活端司机室的广播控制器)发生故障,主从列车广播控制器将自动进行转换,从列车广播控制器(另一端司机室的广播控制器)将代替主列车广播控制器进行列车广播系统的控制。由于司机广播控制盒直接接入列车总线,这时激活端的司机还可以操作本

端的司机广播控制盒进行控制操作，从而避免司机广播控制盒也被切换到另一端。

(2) 总线的冗余。

列车广播的控制信号由列车广播控制总线和车辆通信控制总线组成。这种总线拓扑结构本身就能避免单点通信接口故障，以免影响整个通信系统。列车广播控制总线和车辆通信控制总线构成二级通信总线控制形式，当某一客室设备或车辆通信控制总线发生故障时，不会阻断列车广播控制总线，所以不会影响列车广播控制总线的工作。

(3) 终端设备的冗余。

每列车厢的功率放大器单元 AMP 中设计了两个完全相同的功放模块，可连接两路扬声器（车厢中的扬声器可采用奇偶分布）。当一路功率放大器或者扬声器出现故障时，另一路能够继续工作，使每列车厢在这种单点故障下还能完成广播功能，提高系统的冗余度。

2. 人性化的系统设计

(1) 灵活的优先级设置。

系统具有控制中心对列车进行广播、司机与乘客的对话（乘客紧急报警）、司机室对讲、人工广播、数字式语音广播、媒体播放伴音 6 种广播方式。运营期间，维护人员可以通过 PTU 软件对各个通信方式进行灵活的优先级设置，在高级别的通信要求到来时，立即中断正在播送的低一级的通信，并进行高级别的通信。

(2) 广播自动增益。

广播系统具有噪声检测控制单元，通过客室内的噪声传感器实时采样车厢内环境噪声，并根据环境噪声的大小自动调节广播的音量，保持广播的输出比环境噪声大 5～10 dB。同时，各功率放大器有音量控制电路，保证在任何情况下扬声器的输出音量不会大于 95 dB。客室里的扬声器均匀布置以使客室广播清晰，声强均匀，无死区。

(3) 乘客报警与 CCTV 联动。

乘客信息系统为每一个乘客紧急报警器设置了与 CCTV 的联动接口，当乘客进行紧急报警通话时，司机室监控屏将自动切换到乘客所在位置，将乘客附近的情况显示到监控屏上。同时，CCTV 监控录像将叠加对讲的声音，为了保证对报警实时情况的记录，除了在 CCTV 录像中叠加声音外，广播系统还单独设置了录音模块，备份录制报警的通话录音。

3. 实时、便利

车载乘客信息显示系统中，车载控制器、LCD 播放控制器、车载视频服务器由地面 PIS 系统提供，而车辆系统只提供 LCD 分频器及显示屏。这样划分不仅保证了车载 LCD 播放与地面 LCD 播放具有一致性，为全线 LCD 资源的统一管理使用提供了便利；而且由于无线传输的地面设备与车载设备同属一个系统，在接口设计、调试方面更加便利，减少了调试困难。

 地方链接

常州地铁 1 号线车辆的乘客信息系统配置如表 8-1 所示。全系统数据信息在车厢间的传输实现数字网络化，动态地图和摄像机采用数字信息传输。乘客信息系统通过交换机组建双线平行以太网络，交换机端口具备汇聚功能，正常情况下达到 200 M 网络带宽，并且单个通道出现故障时，可以保证另一通道正常使用。

表 8-1 乘客信息系统配置

设备简称	设备全称	Tc	Mp	M	M	Mp	Tc	数量/列
PCU	司机室 PIS 控制主机	1	—	—	—	—	1	2
SCU	客室 PIS 控制主机	1	1	1	1	1	1	6
DACU	广播控制盒	1	—	—	—	—	1	2
MIC	司机室麦克风	1	—	—	—	—	1	2
CLSP	司机室扬声器	1	—	—	—	—	1	2
SLSP	客室扬声器	8	8	8	8	8	8	48
NDD	噪声检测器	2	2	2	2	2	2	12
PECU	乘客紧急报警单元	8	8	8	8	8	8	48
FDU	目的地显示器	1	—	—	—	—	1	2
IDU	客室内部 LED 显示屏	2	2	2	2	2	2	12
LMDU	LCD 动态地图显示屏	8	8	8	8	8	8	48
LCD	LCD 液晶显示屏	7	8	8	8	8	7	46
MDS	监控触摸屏	1	—	—	—	—	1	2
SCAM	客室摄像机	3	3	3	3	3	3	18
CCAM	司机室摄像机	1	—	—	—	—	1	2
FCAM	行车摄像机	1	—	—	—	—	1	2

乘客信息系统中模拟音频总线使用 4 根 2 芯双绞线，其中 1、2 标号用于广播，3、4、5、6 用于对讲，7、8 用于降级模式。列车总线直接连接广播控制盒和各个主机，包括客室所有 PECU，在网络失效模式下，保证司机人工广播和司机室对讲以及乘客紧急对讲功能。

LCD 动态地图流程为 TCMS 控制指令→司机室控制主机→客室控制主机→LCD 动态地图屏播放动态地图显示内容存储在每个屏的 flash 中，通过任意交换机的维护端口进行全车更新或者使用 U 盘进行单个 LCD 动态地图的更新。

每个客室的乘客报警器 PECU 和客室 LED 显示屏通过两路 RS485 接口与客室控制主机进行通信，终点站显示屏通过一路 RS485 接口与司机室控制主机通信。对讲语音通过两对双绞的模拟音频总线进行传输，对讲报警的录音存储在司机室控制机

柜的固态硬盘SSD（512 G）中。

视频监控采用数字摄像机，通过以太网线将视频流传输到本车交换机模块中，通过列车以太网总线传输到司机室控制主机的硬盘模块中进行存储，同时在监控触摸屏上进行显示。每个司机室配置机械硬盘，用于存储司机室监控视频，并预留固态硬盘对相邻的3个客室做3天的视频资料备份。每个客室配置机械硬盘用于存储客室监控视频。

列车广播系统有全自动广播、半自动广播、手动广播、人工广播、控制中心对列车进行广播五种方式。

练习题

一、写出下列英文字母缩写在城轨系统中的中文含义

PIS _____ PA _____ PIDS _____

CCTV _____ LCD _____ OCC _____

二、填空题

1. 乘客信息系统主要包括 _____、_____、_____三个部分。

2. 广播通信采用三种总线方式：_____、_____和_____。

三、简答题

1. 简述乘客信息系统的功能。
2. 简述乘客信息系统的特点。

课题四　牵引系统

课题目标

（1）能说出牵引系统的功能、种类、组成。
（2）能识别牵引系统的主要电气设备并熟悉其功能。
（3）能正确指认主要电气设备的安装位置。

城市轨道交通车辆的电气牵引系统将电力传动车辆产生牵引力和制动力的各种电器、电机、电子设备连成一个电系统，实现电动车辆的功率传输。它是电动列车的核心部件，是车辆的主回路，能满足车辆启动、调速和制动三种基本工作状态的要求。

一、牵引系统的功能

列车牵引系统是列车动力的来源,根据需要为列车提供牵引力和制动力,完成列车的牵引和制动功能。牵引系统主要有两个工况,即牵引工况和电制动工况。牵引系统为列车提供牵引动力,利用牵引电动机将接触网提供的电能转换成机械能,使列车行驶。电制动工况可分为再生制动工况和电阻制动工况。牵引系统进行再生制动时将列车的动能转换为电能反馈到电网供其他列车使用,这极大地降低了列车的实际能量损耗。制动能量不能向电网回馈时,电制动产生的电能将会消耗在制动电阻器上,变成热能并消散在大气中。当电制动不足或失效时,由空气制动补足。电制动与气制动平滑地转换。

二、牵引系统的种类

城市轨道交通车辆电力牵引系统通常根据牵引电机及其控制方式进行分类,一般分为直流和交流牵引系统,如图 8-11 所示。

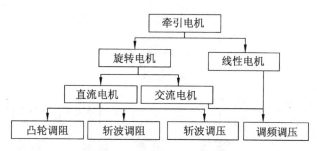

图 8-11 牵引电机类型图

直流牵引电动机因结构复杂、故障率高等缺点而逐渐被淘汰。线性电机也称直线电机,是一种将电能直接转换成直线运动的机械能,而不需要任何中间转换机构的传动装置。线性电机车辆为全动车编组。现在城市轨道交通车辆牵引电机大多采用交流电动机。交流电动机克服了直流电机的许多弊端,与直流电机相比,其结构简单、可靠、体积小、重量轻,能满足车辆对电机的安装空间和重量等方面的要求,更重要的是交流牵引电机具有功率大、过载能力强、噪声小、调速范围宽、再生制动力巨大、可防止车轮打滑、可靠性高、维护方便、平稳舒适等优点。

三、牵引系统的供电制式

供电制式的出现和延续与某一时期的经济技术发展状况以及社会背景有关。

单相工频 25 kV 交流制一般适用于运量大、负荷重、速度高、运输距离长的干线电气化铁路,具有更好的经济效益。直流牵引供电制式适用于列车功率不大、供电半径较小、列车密度高且启动频繁的城市轨道交通。

我国国家标准《地铁直流供电系统》规定城轨供电制式为直流 750 V 和直流 1 500 V 两种。一般 DC 1 500 V 电压采用架空接触网馈电方式,如上海、广州和深圳等城市的轨道线路；DC 750 V 电压采用第三轨馈电方式，如北京、天津和长春等城市的轨道线路。

从减少电能损失和电压降，延长供电距离以降低牵引变电站的数量与投资，以及降低受流接触网的悬挂重量、降低结构复杂性及投资而言，采用 DC 1 500 V 牵引供电电压制式比采用 DC 750 V 牵引供电电压制式要经济。目前，我国新建设的城市轨道交通一般都采用 DC 1 500 V 制式。

四、牵引系统的组成

牵引系统主要由受电器、高速断路器、牵引逆变器、牵引电机、制动电阻器及其控制单元等组成。

受电器通过接触网接入高压直流电，输送给牵引逆变器，通过变流等一系列处理，变成电压与频率均可控制的三相交流电，供给牵引电机牵引整个列车。一种 4M2T 型牵引系统的工作原理如图 8-12 所示。

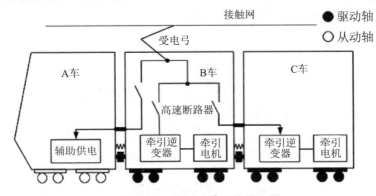

图 8-12　牵引系统工作原理图

牵引工况时，列车牵引系统的主要任务是在列车进行牵引时为列车提供牵引动力，把地铁牵引接触网所提供的电能转换为列车在轨道上运动的动能。此工况下的能量传递如下：接触网→受电器→高压电器箱→牵引逆变器→牵引电机。

此外，列车动车还有再生制动工况和电阻制动工况。再生制动就是列车进行制动时列车牵引系统把列车动能转换为电能反馈到电网供其他列车使用。若反馈的电能使得电网电压超过 1 800 V，此时列车电制动产生的电能消耗在制动电阻上，列车动能转换为热能散失在大气中，这种通过制动电阻消耗电能来实现电制动的工况叫电阻制动工况。再生制动工况下，能量传递如下：牵引电机→牵引逆变器→高压电器箱→受电器→接触网。

列车牵引系统为列车提供前进动力，电制动和气制动共同配合完成列车的制动功能。

（一）受电器

受电器是列车将外部电源平稳地引入车辆电源系统，为列车的牵引设备和辅助设备提供电能的重要电气设备。根据线路供电方式的不同，受电器分为受流器和受电弓两种形式。受流器装置应用于第三轨方式供电的线路，而受电弓装置主要应用于以接触网方式供电的线路，如图 8-13 所示。

(a) 受流器受流装置

(b) 受电弓受流装置

图 8-13　受电器

由于架空接触网在列车上方，一般人不太容易接触到，安全性较高。而接触轨虽然设置有防护罩，但由于第三轨铺设在地面上，人跌落到轨道上触电的可能性大一些；如果有导电物质坠落，还有可能造成短路，影响行车和人身安全。

此外，在接触轨供电的情况下，列车高速行驶时，集电装置难以持续抓紧第三轨，受流不稳定会影响行车的最高时速，也不适合大运量的地铁。而利用架空接触网供电就不存在这个问题。接触网方式可以实现长距离供电，受线路变化影响较小，并且能适应列车高速行驶的需要。架空接触网更安全、行车速度更快、运载量更大，所以城市轨道交通车辆较多地采用受电弓装置。

受电弓一般分为正弓受电弓和旁弓受电弓两种。正弓受电弓从上方取流，旁弓受电弓从侧面取流。正弓受电弓又分为单臂受电弓和双臂受电弓两类，主要区别是活动构架的形式不同。城市轨道交通车辆多数使用的是单臂受电弓，它具有占用车顶空间小、重量轻、弓头归算质量小的特点。

1. 安装位置

受电弓通过支持绝缘子安装于车辆顶部，通过弓头上的滑板与接触线接触。弓头及滑板应安装在车体中心线上尽可能靠近驱动轮的位置。在"工作"位置上，受电弓在车顶的部分都处于带电状态，仅在与车顶的机械接口和气路接口处是电气绝缘的。受电弓有升弓和降弓两种状态。受电弓升起，与接触网接触取流，处于升弓状态；受电弓下降，脱离接触网，处于降弓状态，如图 8-14 所示。

(a) 降弓状态

(b) 升弓状态

图 8-14　受电弓状态

城市轨道交通 4M2T 编组车辆的受电弓一般安装在 B 车上，受电弓的安装位置一般都是根据列车整车的设计来确定的。

2. 结构和主要部件

单臂式受电弓主要是由底架组成、铰接部分、传动机构、弓头、控制机构组成。图 8-15 是成都地铁 1 号线 TSG18B 型受电弓。受电弓升起后与接触网接触，接触网的电流首先由碳滑板流入弓头，然后依次经过上框架、下臂、底架组成（在弓头到上框架、上框架到下臂杆、下臂杆到底架的连接处都用铜编织线短接），最后经过底架上的电流连接组装、车顶母线进入车辆电气系统。

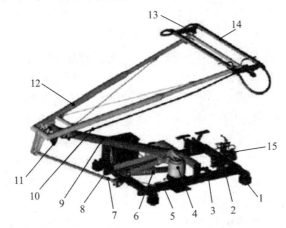

1—绝缘子；2—降弓位置指示器；3—底架电流连接组装；4—升弓装置；5—底架组成；6—阻尼器；7—拉杆；8—气阀箱；9—下臂；10—平衡杆；11—肘接电流连接组装；12—上框架；13—弓头电流连接组装；14—弓头；15—降弓装置与气路。

图 8-15　TSG18B 型受电弓结构

（1）底架组成。

受电弓底架是由 4 根矩形无缝钢管组焊而成的口字形钢结构。在受电弓的升降弓过程中，底架是不运动的，只是起到一个固定支撑的作用。底架上焊有支撑架，连接着下臂、连杆、阻尼器。阻尼器可以防止受电弓发生意外的运动，缓解来自相邻车辆上受电弓的干扰，以及避免受电弓降弓时对底架上的部件造成损坏。阻尼器在受电弓出厂时已经设定好，不允许被调整。受电弓底架还安装有降弓装置与气路、升弓装置、气阀箱等。底架通过 4 个绝缘子固定在车顶上，绝缘子起电气隔离和机械支撑作用。

（2）铰接部分。

铰接部分也称活动构架，作用是升弓状态时，使受电弓保持在工作高度上，让碳滑板与接触网导线保持一定的压力，不脱弓、不刮弓；降弓状态时，满足最小高度要求。铰接部分由下臂、上框架和拉杆、平衡杆构成。下臂由无缝钢管组焊而成，上框架由铝管组焊而成。上框架上安装有对角线杆，用于增加上框架的刚度。在运行过程中，弓头将通过接触网线使其保持在正确的工作状态，而在升降弓过程中，由于平衡杆的作用，有效避免了弓头的翻转。铰链系统的各关节处采用免维护轴承联接。

(3) 传动机构。

传动机构是用来传递力矩，实现对受电弓的升、降运动的控制。传动机构由升弓装置、降弓装置与气路组成。

升弓装置根据升弓驱动形式分为气缸式受电弓、气囊式受电弓、电动式受电弓三种形式。TSG18B 型受电弓是双气囊驱动方式，升弓装置主要由两组在受电弓横向上对称布置的气囊、蝴蝶座以及钢丝绳构成。其特点是外形美观、结构简单且质量较轻。压缩空气作用下的气囊、与气囊连接并被拉伸的钢丝绳、焊接在下臂杆上的扇形调整板，共同产生升弓转矩和受电弓升起后与接触线之间的接触压力。

自动降弓装置 ADD 主要由带气道的滑板、气路、底架上的快排阀、车内受电弓供风单元上的压力开关组装而成。当受电弓滑板破裂等引起受电弓气路泄露时，ADD 自动降弓系统作用，受电弓迅速有效地降下，避免受电弓与接触网之间的进一步破坏。

(4) 弓头。

弓头由滑板、弓角、弓头转轴和弓头悬挂装置等构成。滑板采用长 800 mm、宽 60 mm 的浸金属碳滑板，可以承受短时最大电流 4 000 A 的要求；滑板内设置 ADD 气道，弓头悬挂装置采用两组橡胶弹簧元件和导杆组焊并呈 "V" 字形排列的结构。弓头悬挂装置使弓头具有一定的自由度。当运行区段上的接触线高度变化较小时，只需通过弓头悬挂装置的补偿来保持接触压力基本恒定，受电弓铰链系统则保持稳定。

(5) 控制机构。

气阀箱安装在受电弓底架上，是受电弓气路的控制装置，主要集成了过滤阀、精密调压阀、单向节流阀和安全阀，用于对受电弓气路的过滤、压力调整、流量控制及安全保护，可以用来精确调整受电弓的升、降弓时间和与接触线之间的接触压力。

由车辆进入受电弓的压缩空气在经过气阀箱后被分为两条支路：一条支路通向升弓气囊，用于控制受电弓的升、降弓；另一条支路通向 ADD，用于监测和反馈滑板运行状态，执行故障情况下的自动保护功能。

3. 工作原理

受电弓的升、降弓动作主要通过空气回路进行控制。当司机在司机室按下升弓按钮，供风单元内的脉冲电磁阀得电时，压缩空气通过受电弓气阀箱进入气囊升弓装置，气囊膨胀抬升，并带动钢丝绳对下臂杆产生升弓转矩，弓头在下臂杆的驱动下向上升起，直到弓头上的滑板与接触线接触并保持在设定的接触压力下。

弓头与接触线接触后，受电弓集取的电流将依次通过滑板、弓头电流连接组装、受电弓框架等传导到底架，最后由底架上的接线端、与接线端相连接的主电缆将电流传送到车内受流系统。

当按下降弓按钮时，脉冲电磁阀失电，车辆对受电弓的供风被切断，受电弓气路中的压缩空气通过脉冲电磁阀排向大气，受电弓靠自重下降，脱离与接触线的接触，从而使接触网与车辆之间的电力源供应被切断。受电弓最后下降至弓头转轴，保持在受电弓底架的两个橡胶止挡上。

当受电弓滑板磨耗到极限或发生弓网事故导致滑板掉块、折断时，滑板内的硅胶气管爆裂，ADD 将启动迅速降弓，实现故障情况下的自动保护功能。受电弓工作原理如图 8-16 所示。

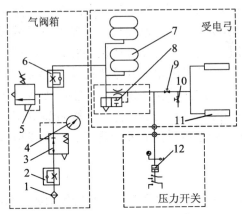

1—过滤阀；2—升弓节流阀；3—调压阀；4—压力表；5—安全阀；6—降弓节流；
7—气囊；8—快排阀；9—ADD 截止阀；10—ADD 试验阀；11—滑板；12—压力开关。

图 8-16 受电弓工作原理

4. 受电弓的主要技术参数

受电弓的主要技术参数见表 8-2。

表 8-2 受电弓的主要技术参数

项　目	参数值
额定电压/V	DC 1 500
额定运行电流/A	1 680
落弓高度（从绝缘子安装面起，包括绝缘子）/mm	≤310
工作高度（从落弓位置滑板面起）/mm	150～1 950
最大升弓高度（从落弓位置滑板面起）/mm	>2 550
绝缘子高度/mm	80
弓头长度/mm	1 550±5
滑板长度/mm	800±1
标称静态接触压力/N	100
额定工作气压/kPa	550
升弓时间/s	≤8
降弓时间/s	≤8

（二）高速断路器

高速断路器（High Speed Circuit Breaker，HSCB）作为列车主电路断路器，是一个用低压控制高压的开关设备，用于主电路的供电与保护。当列车启动，升起受电弓，闭合高速断路器后，向主电路供给高压主电流；当主电路发生短路、过载、接地等故障时，高速断路器可快速断开主电路的高压供电电流，从而实现对主电路的保护。

高速断路器常常集成在 PH 箱里，PH 箱又称牵引高压箱，一般挂在 B 车两侧车底下，是关键的高压设备，如图 8-17 所示。

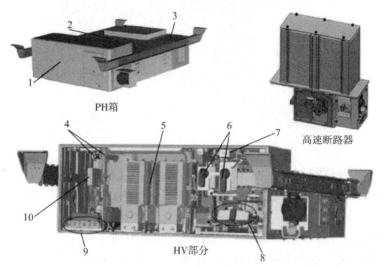

1—HV 部分；2—中间部分；3—MCM 部分；4—断路器控制电阻；5—高速断路器；6—隔离接地开关；7—电压传感器；8—辅助电源保险丝；9—高速断路器控制及紧急继电器；10—车间供电接触器。

图 8-17　PH 箱及高速断路器

（三）牵引逆变器

如图 8-18 所示，牵引逆变器（Variable Voltage Variable Frequency，VVVF）集成在 PH 箱里的逆变器模块 MCM 部分，主要由电源电流传感器、滤波电抗器、直流电压传感器、过电压释放晶闸管、过电压放电电阻、放电电阻、滤波电容器、IGBT 模块、相电流传感器等组成。牵引逆变器实物如图 8-19 所示。

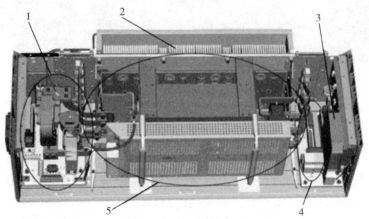

1—DC 接触器单元；2—中间部分的冷却器；3—内部风扇；
4—风扇接触器单元；5—逆变器模块（MCM）。

图 8-18　MCM 部分（PH 箱）

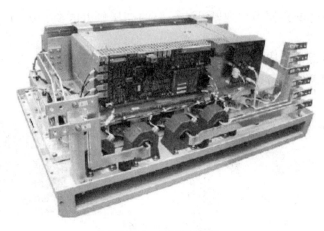

图 8-19　牵引逆变器

牵引时,通过控制内部 IGBT 模块的通断来产生三相交流电源供牵引电机使用;制动时,将感应电机产生的交流电整流成直流电反馈给电网或制动电阻。

(四) 牵引电机

凡用于铁路机车或地铁车辆带动列车运行的电机通常被称为牵引电动机。地铁列车交流牵引电机有旋转电机和直线电机两种。目前,城轨交通车辆普遍使用异步旋转电机。根据其转子结构的不同,异步电机分为鼠笼式和绕线式两大类。

鼠笼式三相异步电机主要由 2 个部分组成,固定部分称为定子,旋转部分称为转子,定子和转子之间的间隙称为气隙。图 8-20 所示是用在南京地铁 1 号线的 4LCA2138 型牵引电机。

图 8-20　4LCA2138 型牵引电机

1. 定子

定子由定子铁芯、定子绕组和机座等组成,如图 8-21 所示。该电机定子机座为全焊接结构,定子铁芯是用低损耗磁性硅钢片叠压而成,两端各用一块坚固的压板压紧。通过四块与铁芯构成一定角度安置的纵向翼板与这两块压板对接焊接,再与叠片铁芯进行外部焊接,从而获得要求的机械特性。

定子绕组是由扁铜线绕制成菱形线圈而构成,绝缘强度高,所占空间小。整个绕组经过真空压力浸渍处理,绝缘厚度薄,密封性能好,耐湿性强,击穿电压高。整体绝缘系统具有 200 级绝缘等级。

图 8-21　定子

2. 转子

转子由转子铁芯、转子绕组和转轴等组成，如图 8-22 所示。

转子绕组的结构：在每个转子槽内插入一根导条，在伸出铁芯两端的槽口处，用两个短路环分别把所有导条的两端连接起来。如果去掉转子铁芯，整个转子绕组的外形宛如鼠笼，故称鼠笼式或笼形。这种结构使得转子具有机械坚固性和工作可靠性。

图 8-22　转子

转子铁芯与转轴是热套装配的，并用两块端板压紧。转子是由同类材料的铜导条和端环经高频感应钎焊制成。电机以最高的实际质量指标校动平衡。

转子的转轴由高强度合金钢制成，轴身是有锥度的。

3. 其他主要组成件

（1）端盖（传动端）。

通常情况下，端盖等零部件的材料都是采用铸铁或钢板，而这台电机的端盖却是在不影响使用和保证机械性能的情况下，采用铝合金材料制造的，这样大大减轻了电机的重量。而且这种端盖的结构是内外都有散热筋，增大了散热面积，大大增强了冷却效果，如图 8-23 所示。

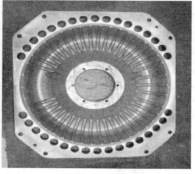

图 8-23　端盖（传动端）

(2) 端盖（非传动端）。

非传动端即进风端，非传动端端盖所用的材料与传动端端盖是一样的。其结构特点是采用了双层结构，内层结构保证了安装后电机内部形成一个全封闭的空间，外层结构的作用是形成一个风道，把冷却空气尽可能无损失地导入定子通风孔，如图 8-24 所示。

(3) 轴承。

传动端的轴承是绝缘滚柱轴承（图 8-25），非传动端的轴承是绝缘滚珠轴承。轴承设计寿命为 1 500 000 km。采用的润滑脂是美孚（MOBIL），其特点是在高温或低温下都有优良的性能，使用温度范围广，防水性能很好，在多水的环境下油脂结构仍能保持良好的稳定性。

图 8-24　端盖（非传动端）

图 8-25　轴承（传动端）

图 8-26　接线盒

(4) 接线盒。

接线盒（图 8-26）结构非常紧凑，并充分考虑了电气间隙和爬电距离。电气间隙是在两个导电零部件之间或导电零部件与设备防护界面之间测得的最短空间距离。爬电距离是沿绝缘表面测得的两个导电零部件之间或导电零部件与设备防护界面之间的最短路径。电源接线可以在接线盒内完成。

4. 结构和技术参数

4LCA2138 型牵引电机的结构和技术参数如表 8-3 所示。

表 8-3　4LCA2138 型牵引电机的结构和技术参数

项　　目	参　　数
冷却方式	IC411
防护等级	IP55
安装	用 4 个螺栓与车轴平行安装在转向架上
电源	由 3 根电缆经过接线盒与电机连接
传动	通过联轴器
定子机座	多边形焊接结构

续表

项　目	参　数
端盖（传动端）	绝缘滚柱轴承（内圈可脱卸结构）
端盖（非传动端）	绝缘滚珠轴承
类型	异步、四极、鼠笼
连续定额/kW	185
电压（相电压与线电压）/V	670/1 160
电流/A	117
转速/(r/min)	2 000
频率/Hz	67.4
转速范围/(r/min)	0 ~ 3 660

5. 工作原理

受电器从接触网上获得直流电流，经过列车牵引逆变器转换成三相交流电，输送给定子上空间位置相差120°的三相绕组，使定子三相绕组中有对称的三相电流流过，从而在气隙中产生旋转磁场。转子绕组在这个旋转磁场中感应出电动势，转子的感应电动势在闭合回路的转子绕组中产生电流。转子电流与旋转磁场相互作用，产生电磁力，形成使转子旋转的电磁转矩。转轴通过联轴器和齿轮箱把转矩传送给车辆转向架的车轴，带动车轮滚动，驱动车辆运行。

（五）制动电阻器

制动电阻器用于电阻制动，在再生制动的情况下，当能量不能被电网完全吸收时，多余的能量必须转换为热能消耗在制动电阻上，否则电网电压将升高到列车不能承受的水平。因此，制动电阻确保了电网上其他设备的安全。制动电阻器一般悬挂于动车底架下方，冷却方式多数采用强迫风冷（图8-27），少数采用自然风冷（列车走行风）。

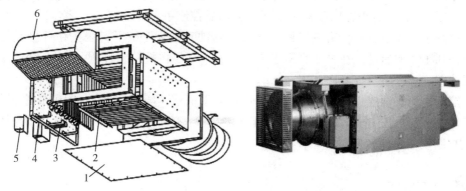

1—底面板；2—电阻排；3—绝缘板；4—铜棒；5—热量显示盒；6—风道。

图8-27　制动电阻器

（六）牵引控制单元

牵引控制单元 DCU（图 8-28）是车辆牵引与控制系统的核心，其主要功能包括：

（1）控制异步电动机。牵引控制单元 DCU 将机车控制级给定值和控制指令转换成 VVVF 逆变器用的控制信号，对 VVVF 逆变器和牵引电机进行控制，包括调节、保护、逆变器脉冲模式的产生等。

（2）对 VVVF 逆变器和牵引电机进行保护控制，对电制动（ED-BRAKE）进行调整、保护，产生逆变器脉冲模式，实现再生制动和电阻制动之间的平滑过渡。

图 8-28　牵引控制单元

（3）防空转、防滑保护控制。

（4）列车加减速冲击限制保护。

（5）网络通信功能。

（6）故障诊断功能等。

（七）司机控制器

司机控制器是用来操纵城市轨道交通车辆运行的控制器，它利用控制电路中的低压电器间接控制主电路的电气设备，完成整个列车的牵引、制动功能，以及列车前进方向的控制和司机警惕等功能。

每个司机室设有一个司机控制器，安装在驾驶台上，主要由钥匙开关、方向手柄、控制手柄组成。

钥匙开关有两个位置："0" 和 "1"，分别表示 "关断" 和 "开启"。方向手柄有三个位置：F（向前）、0（零位）、R（后退）。控制手柄有四个位置：牵引、零位、制动、快速制动。

方向手柄和控制手柄间有机械连锁，只有当控制手柄在 "零位" 时方向手柄才能回 "零位"，只有当方向手柄确定运行方向后控制手柄才能离开 "零位"。

控制手柄顶端有一个警惕按钮，在人工驾驶时，只有按下警惕按钮并推动控制手柄，列车才能启动。在列车牵引过程中，若松开警惕按钮超过 3 s，列车会产生紧急制动。

控制手柄底部连接有一个电位器，当控制手柄从 "零位" 移向 "100% 牵引位" 或 "100% 制动位" 时，该电位器相应地输出 0～20 mA 的电流指令，送给 RVC（牵引/制动参考值转换器）。

 地方链接

常州地铁 1 号线列车牵引系统的主要电气设备有受电弓、高压电器箱、母线高速断路器箱、母线高速断路器及接触器箱、线路电抗器、牵引逆变器箱、牵引电机、

制动电阻等。

受电弓通过接触网接入1 500 V高压直流电，输送给牵引逆变器，通过变流等一系列处理，变成电压与频率均可控制的三相交流电，供电给牵引电机牵引整个列车。

受电弓为气囊式单臂受电弓，受电弓的控制采用硬线控制，由降双弓、升前弓、升双弓、升后弓四位置转换开关控制，可实现对每个受电弓的单独升降控制以及对两个受电弓集中控制。

牵引逆变器的三种工作状态：牵引状态时通过三个逆变模块将电网直流1 500 V逆变为三相变频变压的交流电，供给牵引电机，牵引电机作为电动机输出所需扭矩驱动列车前进；再生制动状态时牵引电机作为发电机，将列车前进的动能转化为电能，当网压没有达到限定保护值时，可以通过逆变器将电能反馈回电网进行再生制动；电阻制动状态时网压达到限定保护值无法吸收再生能量，牵引电机产生的电能转换为制动电阻的热能散发掉。

司控器主要由控制手柄（带警惕功能）、方向手柄、钥匙开关三个部件组成。主控制手柄牵引、制动均采用无级调节，方向手柄选择行驶方向，主控制器钥匙开关用来激活相应的操纵端，并且另一端被锁闭。主控制手柄以及方向手柄和司机台钥匙间的互锁为机械互锁。

 练习题

一、写出下列英文字母缩写在城轨系统中的中文含义

HSCB _____   DCU _____
VVVF _____   DC 750 V _____

二、填空题

1. 列车电力牵引系统的两种工况是_____和_____。

2. 列车牵引系统根据需要为列车提供_____和_____，完成列车的牵引和制动。

3. 现代城市轨道交通电动列车大多采用_____（填"直"或"交"）流牵引电机。

4. 列车电力牵引系统的制动工况可以分为_____和_____。

5. 一般_____电压采用架空接触网馈电方式，如上海、广州和深圳等城市的轨道线路；_____电压采用第三轨馈电方式，如北京、天津和长春等城市的轨道线路。

6. 我国城市轨道交通列车电力牵引系统的供电制式为_____V或_____V。（填"AC"或"DC"）

7. 电力牵引是一种以_____为动力的牵引方式，城市轨道交通车辆通过受流器从第三轨（输电轨）或架空接触网接受电能。接触网（受流装置为_____）供电和第三轨（受流装置为_____）。

8. 单臂式受电弓主要是由＿＿＿＿＿、＿＿＿＿＿、＿＿＿＿＿、＿＿＿＿＿、控制机构组成。

9. 升弓装置根据升弓驱动形式分为＿＿＿＿＿受电弓、＿＿＿＿＿受电弓、＿＿＿＿＿受电弓三种形式。

10. 高速断路器是一个用＿＿＿＿＿控制＿＿＿＿＿的开关设备，用于主电路的供电与保护。

三、简答题

1. 简述牵引系统两种工况下能量传递的路径。
2. 简述 VVVF 的作用。
3. 城市轨道交通车辆牵引系统的主要设备有哪些？

四、看图填空

牵引电机将＿＿＿＿＿转换为＿＿＿＿＿，通过＿＿＿＿＿、＿＿＿＿＿和轮对，驱动地铁列车运行。

图 8-29　牵引电机

课题五　辅助供电系统

课题目标

（1）熟知辅助供电系统的作用、供电方式和组成。
（2）能正确指出辅助供电系统主要组成部件的安装位置。

辅助供电系统是为列车除牵引动力系统之外的所有需要用电的负载设备提供电能的系统。对于城轨车辆，辅助供电系统的功能至关重要，它能给空气压缩机、牵引系统通风设备、外门系统以及舒适系统如空调系统、照明系统和车辆中的控制电路等提供电源。

一、供电方式

辅助供电系统交流供电网络有集中供电和并网供电 2 种方式，前者又有单元式集中供电和交叉式集中供电 2 种，后者亦有分散式和集中式 2 种并网供电方式。

1. 集中供电方式

（1）单元式集中供电。

在可划分为由 2 个单元构成的列车编组中，每个单元各设置 1 台辅助逆变器（ACM），一般都设置在拖车中。在正常情况下，每台辅助逆变器通过本单元的 AC 380 V 列车线给本单元的交流负载供电。一旦有一台辅助逆变器发生故障，就首先将故障逆变器输出切断，然后通过联系两个单元的扩展供电装置与故障单元的 AC 380 V 列车线相连，给全车切除一半空调压缩机后的负载，供电。

（2）交叉式集中供电。

每辆列车设 2 台辅助逆变器，每台辅助逆变器通过贯通整列车的 AC 380 V 列车线给每辆车的一半交流负载供电，因此，每列车必须有 2 路 AC 380 V 列车线。当有一台辅助逆变器发生故障，每辆车的一半负载自动停止工作，只需将故障侧逆变器输出接触器切断，不必采取任何转换措施。

2. 并网供电方式

（1）分散式并网供电。

每辆列车设 1 台辅助逆变器，全列车中每台逆变器输出相互并联。

（2）集中式并网供电。

全列车设置 2 台以上的辅助逆变器，每台逆变器输出相互并联。

并网供电方式需要每台逆变器的输出电压值相同、频率相同、相位相同，因此对每台辅助逆变器的启动及逐一并网有严格要求。早期的并网供电设计，每辆车设置 1 台辅助逆变器，存在车辆总重增加等缺点。现在通过减少辅助逆变器的数量，如 6 编组列车采用每列车共设置 4 台辅助逆变器的方式并网，以此降低列车辅助电源系统总重，减少维护工作量，降低成本等。

这两种供电方式各有优缺点。目前，城轨交通车辆一般采用集中式并网供电方式。

例如，某 4M2T 列车编组，共设置 4 台辅助逆变器，4 台辅助逆变器的输出并联，列车由两个完全相同的 3 车单元组成。图 8-30 是一个单元的供电结构。该列车采用高度集成化的 3 种箱体结构：AB 箱（含辅助逆变器和充电机）、PA 箱（含辅助逆变器和牵引逆变器）、PH 箱（含牵引逆变器和高速断路器）。该供电系统由 TCMS 控制。TCMS 发送命令，控制辅助控制单元（DCU/A）同步启动、关闭、切除。DCU/A 通过数字输入/输出接口控制辅助负载接触器的闭合和断开，进行并网供电。

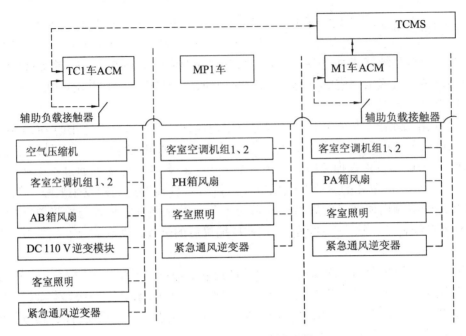

图 8-30　一个单元的供电结构

二、辅助供电系统的组成

以某 4M2T 列车编组的集中式并网供电方式为例，辅助供电系统由辅助逆变器（DC/AC 逆变器）、蓄电池、高压母线（DC 1 500 V）、中压母线（3 相 AC 380 V，50 Hz，带中性线）、低压母线（DC 110 V）、其他必需的辅助设备（继电器、接触器、空气开关、控制器等）组成。辅助逆变器输出 3 相 380 V、频率 50 Hz 的交流电，蓄电池充电机输出 110 V 直流电。

1. 直流高压传输

辅助供电系统的电力主要来自牵引供电接触网（或第三轨），经受电弓（或受流器）进入列车；当电力无法来自牵引供电接触网（或第三轨）时，则可采用外接电源（如车间电源）或蓄电池供电。一般在检修车间内设有车间电源，通过列车车底的车间电源插座向列车提供高压电能。

车间电源与接触网不可同时为列车供电，接触网为列车供电时列车不可接车间电源。车间电源只能为辅助供电系统提供电能，不能为牵引系统供电。车间电源向列车供电时，列车必须处于静止状态。

蓄电池作为直流备用电源，在列车启动和失去高压电源时为列车提供 DC 110 V 电能和紧急通风电能。列车正常运行时，蓄电池处于浮充电状态。

2. 中压系统

全车共有四台辅助逆变器和两组蓄电池，并联的辅助逆变器同步向三相 AC 380 V、50 Hz 中压母线供电。中压母线贯穿全车，给全车的中压负载供电。

中压母线上的所有负载都将提供独立的接触器以保护中压母线。当任意一个负载发生故障时，接触器将断开负载和中压母线的连接以确保中压母线不受影响。

单台辅助逆变器发生故障时，列车的负载供电不受影响。两台辅助逆变器发生故障时，另外两台辅助逆变器可以为全列车空调半冷、方便插座供电。三台辅助逆变器发生故障时，另外一台辅助逆变器可以为全列车的空调通风机、牵引设备通风机、空压机等交流负载供电。此时全车空调为通风模式。

3. 低压系统

低压电源由 AC 380 V 经蓄电池充电机模块转换或由蓄电池输出的 DC 110 V 电源提供。低压供电有 3 条母线：一条 DC 110 V 永久电母线，一条 DC 110 V 准备电母线，一条 DC 110 V 负母线。

DC 110 V 永久电母线直接与蓄电池相连，只要蓄电池有电就会得电，可以通过一个装在低压箱的隔离开关断开连接。该母线负责在车辆处于睡眠状态时将车辆唤醒，以及车辆在睡眠状态时提供必要的低压直流用电（如救援时全自动车钩电磁阀用电）。

DC 110 V 准备电母线通过列车供电接触器（受睡眠电路控制）与充电机直流输出（蓄电池）相连，只要列车激活正常母线就得电，主要负责除永久母线供电外的其余直流负载的供电。唤醒操作之后，DC 110 V 准备电母线得电。DC 110 V 准备电母线在列车睡眠后具有延迟失电的功能，以方便列车相关设备存储信息。

当一台蓄电池充电机发生故障时，由另外一台蓄电池充电机对全车的低压直流负载进行供电。当两台充电机都发生故障或列车无网压时，列车进入紧急供电状态，此时由蓄电池供电。

4. 蓄电池充电机

蓄电池充电机集成到 Tc 车的 AB 箱内，与 AB 箱内的辅助逆变器集成在一起。每台蓄电池充电机提供 DC 110 V 额定输出。

5. 蓄电池

在无网压时，蓄电池的容量能够供给列车内部紧急照明、外部照明、紧急通风、车载安全设备、广播系统、部分显示屏、通信系统等工作 45 min，并应保证 45 min 后列车能够正常开关一次车门。当网压恢复时，蓄电池电压应能保证受电弓正常升弓、辅助逆变器启动工作为蓄电池充电。

蓄电池一般都被安装在列车的头部，当列车电力不足时，蓄电池可以为逆变器提供能量，保证逆变器正常启动。

蓄电池可以在充电、放电这两种形式之间任意切换。当列车正常运行时，充电机为直流负载提供直流电源，并给蓄电池充电。对蓄电池充电的控制采用恒流、恒压、浮充方式。当列车供电不足时，蓄电池放电，为列车提供紧急电源。

三、辅助供电系统的负载

辅助供电系统的负载主要包括牵引逆变器冷却风扇、辅助逆变器冷却风扇、空气压缩机、空调及各种电动阀门、继电器、接触器、列车照明系统及各种服务性电器设备等。

列车照明系统分为外部照明和内部照明。内部照明又包括客室照明和司机室照明。外部照明主要包括司机室前端的前照灯、防护灯和车外两侧墙上部设置的状态指示灯。

辅助供电系统的负载见表8-4（不同列车会有差别）。

表8-4　辅助供电系统的负载

三相380 V及单相220 V负载	DC 110 V负载		DC 24 V负载
空调（冷凝风机）	客室紧急照明	门控系统	仪表灯
空调（压缩机）	司机室照明	列车广播控制	防护灯
空调（通风机）	头灯	乘客信息系统控制	电笛
空压机	外部指示灯	SIV控制	刮水器
司机室送风单元	客室内指示灯	空调控制	ATP、ATO
客室照明	闪灯报站装置	车载监控系统	—
废排风机	LCD显示屏	联挂和解钩控制	—
客室电加热	运行指令	唤醒控制	—
司机室电加热	VVVF控制	蓄电池充电	—
其他（包括方便插座）	制动控制	紧急通风	—
—	空压机控制	—	—

 地方链接

常州地铁1号线车辆辅助供电系统采用集中式并网供电方式，共设置4台辅助逆变器，4台辅助逆变器的输出并联。

每辆列车共有2组蓄电池。每组蓄电池的容量为180 Ah，蓄电池采用集中注水系统，所有电池均从一个中央水箱注水，通过与电池组集成为一体，将气体通过注水系统排出。密封的排气口没有可动的部件，可以提供完全可靠的工作性能。每个蓄电池组中用84个蓄电池单体安装在蓄电池箱中，单体标称电压为1.2 V。

特殊紧急状况下，牵引系统由车载蓄电池（DC 110 V）供电，让列车在无高压输入的情况下自行牵引。蓄电池牵引箱体（BOP）与辅助逆变器模块（ACM）电抗器箱体集成在同一个吊挂梁上并安装在车底部。

 练习题

一、写出下列英文字母缩写在城轨系统中的中文含义

AB箱_____　PA箱_____　PH箱_____　BOP箱_____
ACM_____　SIV_____　MCM_____　ATO_____

二、填空题

1. 辅助供电系统交流供电网络有_____和_____两种方式，前者又有_____和_____两种方式，后者亦有_____和_____两种方式。
2. 城轨交通车辆一般采用_____供电方式。
3. 车间电源与接触网_____（填"不可以"或"可以"）同时为列车供电。车间电源只能为_____提供电能，不能为_____供电，车间电源向列车供电时，列车必须处于_____状态。
4. 蓄电池可以在_____和_____两种形式之间任意切换。当列车正常运行时，处于_____方式；当列车供电不足时，蓄电池_____，为列车提供紧急电源。
5. 蓄电池对紧急负载供电_____分钟。

三、简答题

1. 简述辅助供电系统交流供电网络的种类及特点。
2. 辅助供电系统的负载有哪些？

课题六　电气系统认知实训

一、实训目标

（1）能正确指认牵引系统的主要组成，并能描述其功能。
（2）能正确指认辅助供电系统的主要组成，并能描述其功能。
（3）学会利用相关专业书籍、网络等途径查询电气系统主要设备的技术参数。

二、实训设备和工具

城市轨道交通车辆一辆及车辆实训设备。

三、实训过程

（1）分组实践，分组考核。
（2）独立完成实训考核，填写相关表格。

参考文献

[1] 邱志华,彭建武. 城市轨道交通车辆构造 [M]. 北京:人民交通出版社,2016.

[2] 李伟,王珂. 城市轨道交通车辆构造 [M]. 北京:机械工业出版社,2017.

[3] 吴海超,王华. 城市轨道交通车辆 [M]. 北京:中国铁道出版社,2016.

[4] 史富强,祁国俊. 城市轨道交通车辆构造 [M]. 重庆:重庆大学出版社,2017.

[5] 张庆玲,王海啸. 城市轨道交通车辆结构与检修 [M]. 北京:北京理工大学出版社,2015.

[6] 王新铭,张庆玲. 城市轨道交通车辆电气系统 [M]. 北京:北京理工大学出版社,2017.

[7] 郝磊. 城市轨道交通车辆结构与驾驶 [M]. 成都:西南交通大学出版社,2017.

[8] 上海申通地铁集团有限公司,上海市隧道工程轨道交通设计研究院. 城市轨道交通工程技术规范 [M]. 上海:同济大学出版社,2017.

[9] 吕晓晖. 我国城轨车辆制动系统介绍及选型 [J]. 城市轨道交通研究,2009 (6):56 – 61.

[10] 龙静,王书傲. 地铁车辆空调系统送风风道分析 [J]. 电力机车与城轨车辆,2004,27 (4):40 – 42.

[11] 俞爱青,宋洁,孙中兴,等. 上海地铁1号线车厢内空气质量卫生学调查 [J]. 上海预防医学,2012,24 (7):382 – 384.

[12] 韩晓明. 轨道交通车辆空调系统的原理及发展方向 [J]. 装备机械,2015 (1):57 – 62.

[13] 项文路. 现代城市轨道车辆空调系统的特点及发展方向 [J]. 铁道机车车辆,2007 (B10):90 – 96.

[14] 程永谊. 城轨车辆辅助电源系统供电方式与电路拓扑结构分析 [J]. 机车电传动,2013 (2):49 – 52.

[15] 唐建明. 常州地铁1号线国产化制动系统设计 [J]. 铁道机车车辆,2019,39 (3):60 – 63.

[16] 舒娟. 无锡地铁一号线车辆乘客信息系统设计及接口概述 [J]. 科技信息,2013 (6):297.

［17］秦孝峰．西安地铁 2 号线车辆乘客信息系统［J］．电力机车与城轨车辆，2012，35（2）：34-36．

［18］张亚．城轨车辆车载乘客信息系统的集成设计［J］．电力机车与城轨车辆，2011，34（4）：55-57．

［19］田雅华．一种新型 4M2T 地铁车辆网络控制系统的研制［J］．铁道机车与动车，2016（4）：1-6．

［20］邓小娟，刘军良．深圳地铁 5 号线国产化车辆网络控制和诊断系统［J］．电力机车与城轨车辆，2011，34（4）：15-18．

［21］李东林．城市轨道交通车辆电气牵引系统自主研发与应用［J］．机车电传动，2012（1）：37-42．

［22］王淼，张会青．北京地铁 14 号线 A 型地铁车辆电气系统［J］．铁路技术创新，2014（4）：103-106．

［23］米志宏．城市轨道车辆电气传动系统的发展［J］．城市建设理论研究（电子版），2017（15）：17．

［24］吴刚，张瑞，杨庆龙．常州地铁 1 号线车辆钩缓装置设计研究［J］．轨道交通装备与技术，2018（6）：18-20．

［25］姜晓东．地铁车辆用密接式车钩及缓冲装置的研制［D］．上海：上海交通大学，2014．

［26］朱向阳．A 型地铁车辆 ZMA080 型转向架牵引装置［J］．电力机车与城轨车辆，2010，33（3）：8-10．

［27］曹秀峰，许晓勤，李军．成都地铁 1 号线车辆受电弓研制［J］．城市轨道交通研究，2009（11）：82-85．

［28］陆海英．B 型城市轨道交通车辆转向架设计研究［J］．轨道车辆，2003，41（6）：17-21．

［29］陆海英．现代轨道交通车辆的空气弹簧悬挂技术［J］．机车电传动，2003（4）：36-39，42．